U0080430

SMALL ANTIQUES & COFFEE SHOPS IN TOKYO

KAORI MASUYAMA

穿越東京老時光
走進懷古雜貨喫茶店

增山香 著

瑞昇文化

INTRODUCTION

ANTIQUE、VINTAGE、BROCANTE、骨董、老工具……
無論有多少種不同的稱呼、
不管是在哪個時代，
總有人珍愛著這些「古老而美好的物品」。

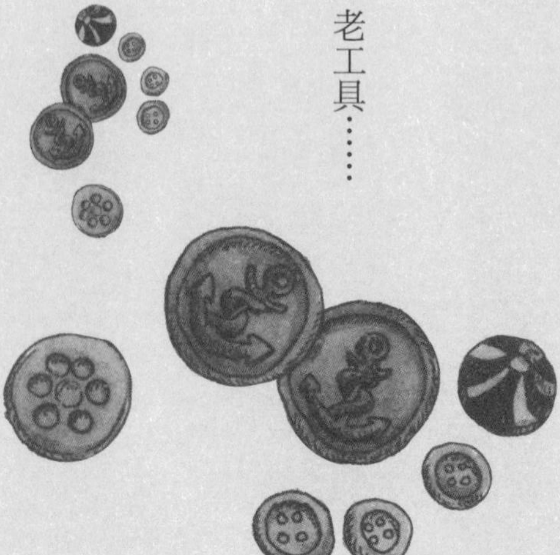

在這本書當中，
以「復古」字樣來表現
我們愛惜古老物品的心情，
介紹許多能夠遇見那些「古老而美好物品」的店家。

對於「復古」這個詞，大家腦中浮現的年代及物品，
是因人而異的。

也許是從母親手上拿到的昭和時期玩具、
或者是放在奶奶抽屜裡，那大正時代的別針、
更可能是穩穩收在曾祖父倉庫裡的江戶時代餐具。

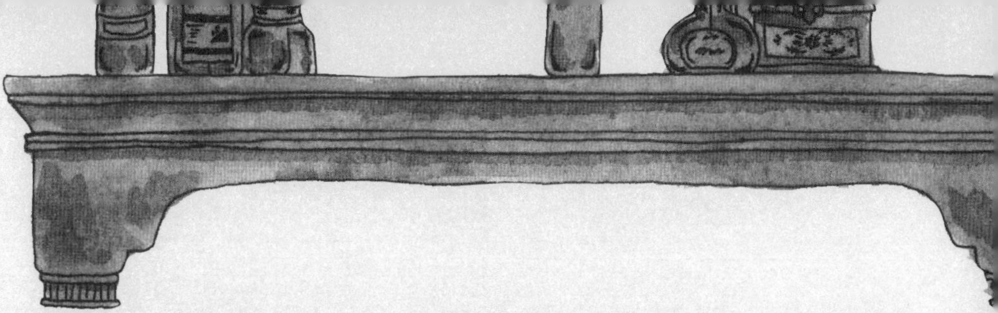

又或者，可能是工業革命時期的英國家具；
新藝術運動時期的彩繪玻璃。
不同的人，聯想到的東西可是天差地遠。

能夠和那些東西共度時光的骨董商店、
極具深度的咖啡廳，
在東京比比皆是。
如果跨足到街道本身就宛如骨董的
木更津、鎌倉、川越等地，
想必能有更多發現。

就算無法購買高級的骨董家具，
也有千元以下的質樸彩盤、
或者用孩子的零用錢便能買到的美麗紙製品等等，
能夠輕鬆愛惜的「復古」物品，
正等待著你去迎接它們。

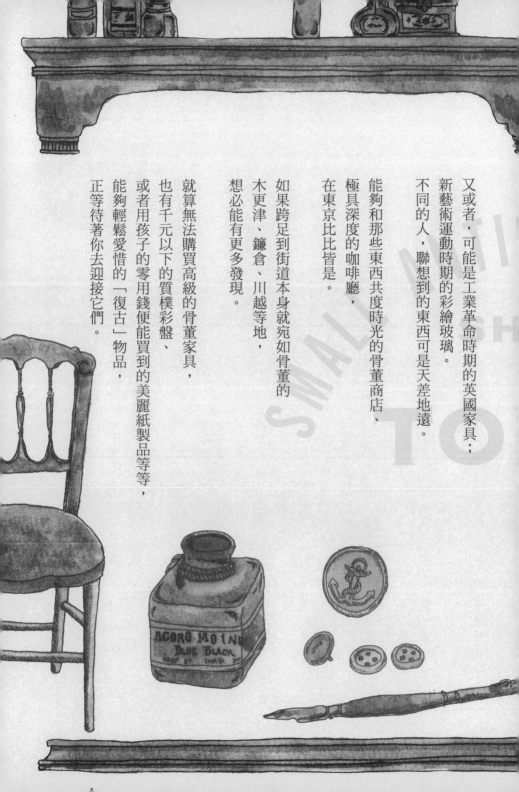

CONTENTS

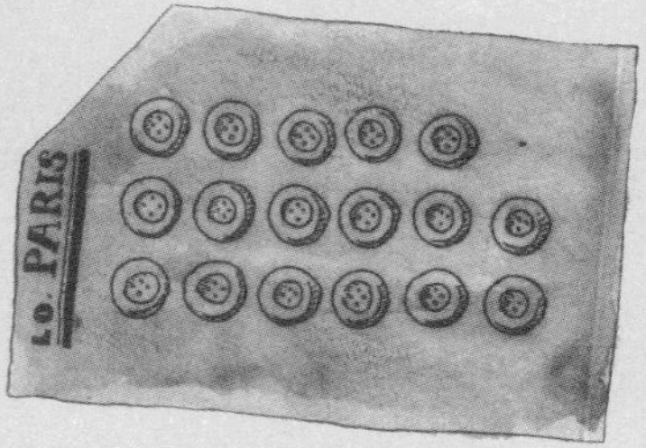

SMALL ANTIQUES & COFFEE SHOPS IN TOKYO MAP

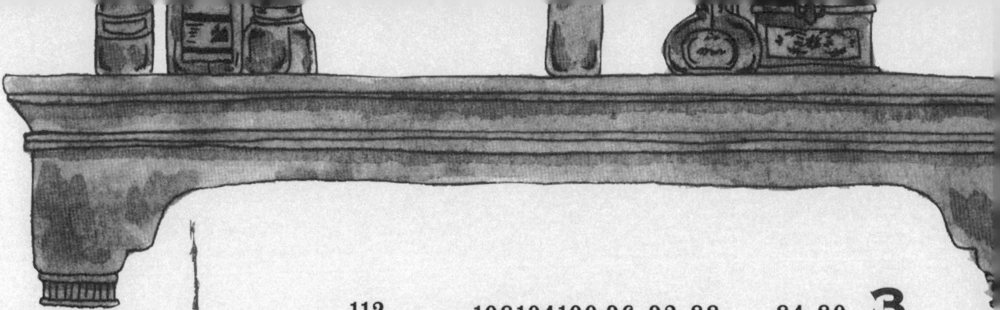

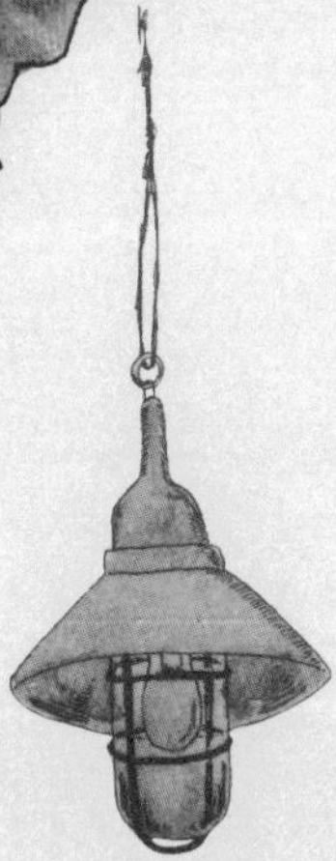

3 下町、丸之內地區

4 京王線地區

5 千葉、神奈川、埼玉地區

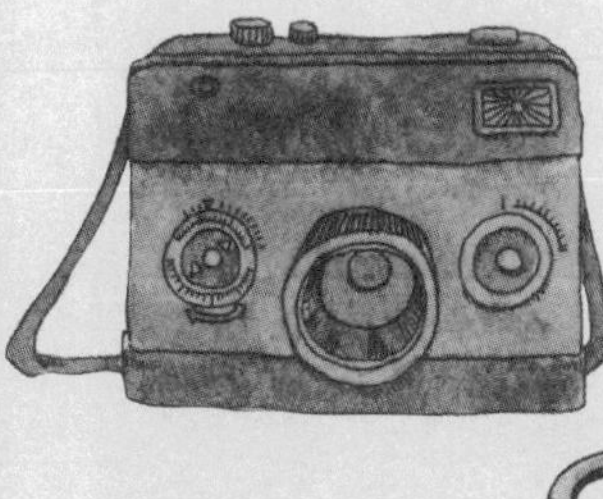

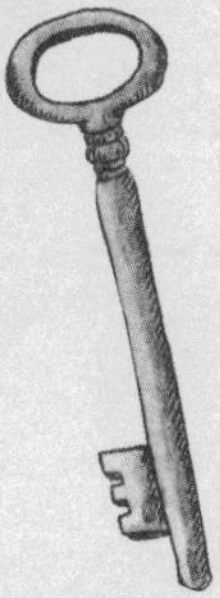

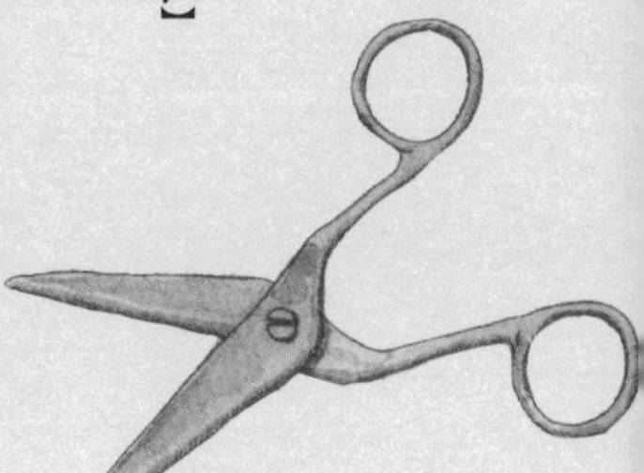

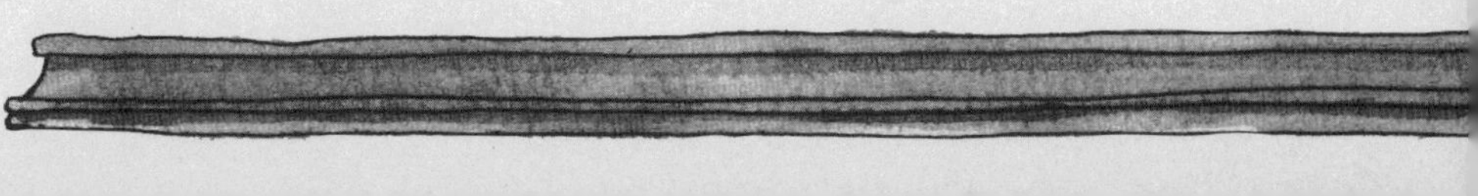

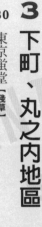

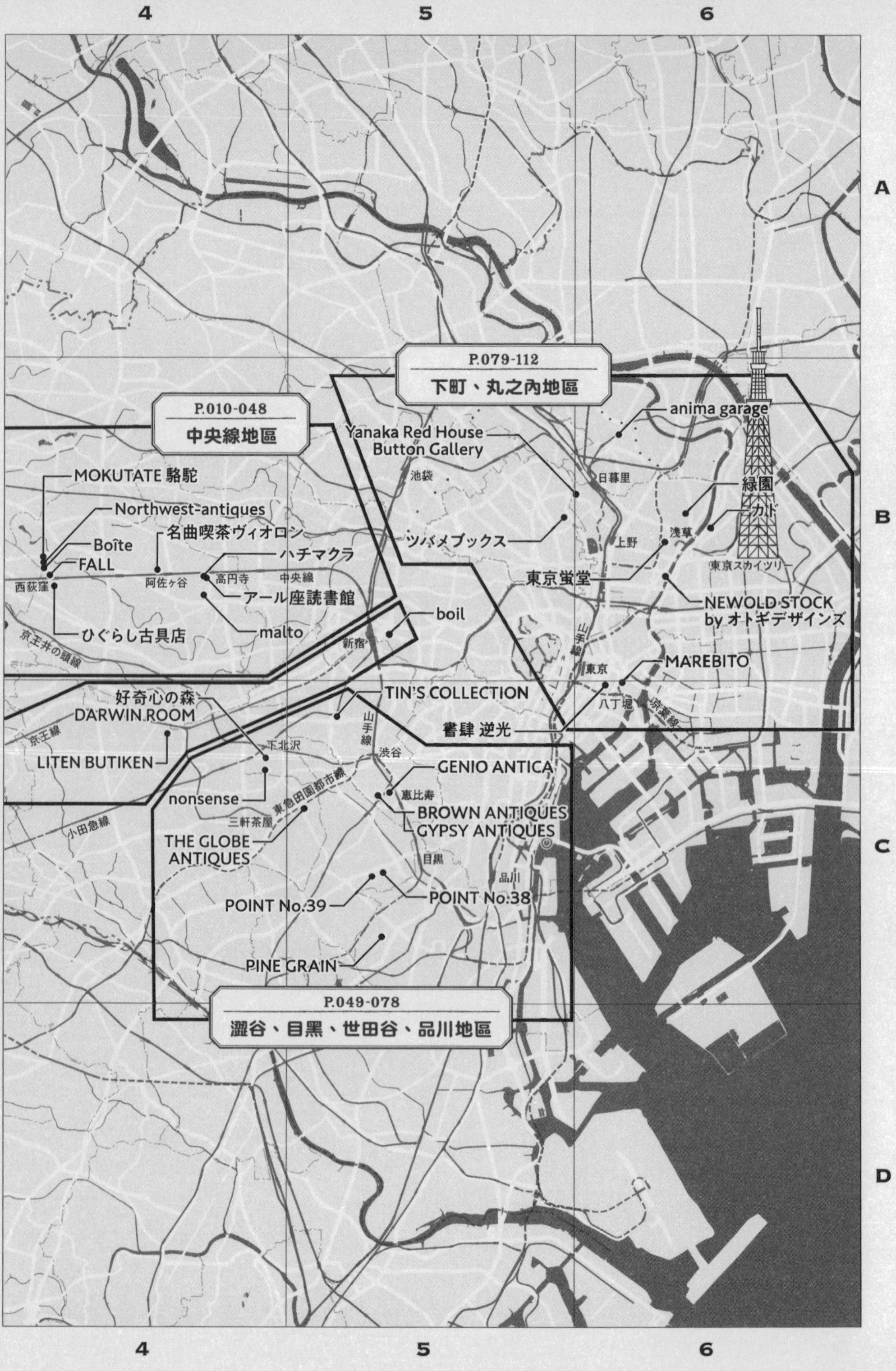

4
5
6
A
B
C
D
P.079-112
下町、丸之內地區
P.010-048
中央線地區
P.049-078
澀谷、目黑、世田谷、品川地區
anima garage
Yanaka Red House
Button Gallery
池袋
日暮里
緑園
カド
MOKUTATE 駱駝
Northwest-antiques
名曲喫茶ヴィオロン
Boîte
FALL
ハチマクラ
西荻窪
阿佐ヶ谷
高円寺
中央線
アール座読書館
ひぐらし古具店
malto
boil
新宿
京王井の頭線
ツバメブックス
上野
浅草
東京スカイツリー
東京蛍堂
NEWOLD STOCK
by オトギデザインズ
山手線
東京
MAREBITO
八丁堀
京葉線
TIN'S COLLECTION
書肆 逆光
好奇心の森
DARWIN ROOM
京王線
LITEN BUTIKEN
下北沢
渋谷
nonsense
GENIO ANTICA
恵比寿
東急田園都市線
小田急線
三軒茶屋
BROWN ANTIQUES
GYPSY ANTIQUES
THE GLOBE
ANTIQUES
目黒
品川
POINT No.39
POINT No.38
PINE GRAIN

SMALL ANTIQUES & COFFEE SHOPS IN TOKYO

MAP

復古雜貨、老工具、和風餐具……。東京竟有如此多的復古風格雜貨店。如果逛累了，就隻手拿著咖啡、稍事休息一下吧。

CHUO LINE
№13
MAP 1-2

查閱各頁面記載的地圖編號，便能找到在同一個地區內的店家。好啦，出外散散步，尋找那些令人心動不已的復古風格商店吧。

SMALL ANTIQUES & COFFEE SHOPS IN TOKYO

* * *

要不要隻手拿著咖啡逛逛店家，
打開通往小小旅程的大門呢？

SMALL ANTIQUES & COFFEE SHOPS IN TOKYO

AREA 1

CHUO LINE

KOENJI · ASAGAYA · NISHI-OGIKUBO · KICHIJOJI

中央線

高圓寺、阿佐谷、西荻窪、吉祥寺

CHUO LINE

№ 1

MAP 3-B

【吉祥寺 | KICHIJOJI】

Tsubame Märkt

木製的鞋楦、鋼筆品牌 Pelican 的樹脂製盒子、20 世紀初期「Creil et Montereau」的彩繪盤等等，不管是用途範疇或者材質都大相逕庭，擺放在一起卻十分美麗。

穿越古往今來時空 惹人憐愛的日用品們

黃銅材質的廚房用品，閃爍著毫不刺眼的光芒；木製的鞋楦、宛如小巧藝術作品的香水瓶盒子等等……雖然這裡經手的物品，用途領域天差地遠，但全部有著一個共通點，就是「惹人憐愛」。以錫為主要原料的白鑞餐具、和簡單的皮製品等等，這些物品分開來個別觀看的時候，大多令人覺得是造型非常簡單的東西，不過也許正是如此，才造就了店裡整體飄盪著質樸而可愛的氣氛。

店主竹川先生夫婦到處收購的，除了法國的物品以外，還有來自比利時、荷蘭、德國等歐洲國家的東西。那些餐具、包包和文具等，並排在窗邊，沐浴在穿過玻璃照射進店裡的陽光下，看上去就像大家都心情很好似地。在這些給人質樸印象的物品當中，還混雜了藏有機關的歐洲地圖、能夠觀看1900年前後流行照片立體樣貌的彩繪玻璃望遠鏡等等，這些潛藏其中、具機械性質的物品，也非常有看頭。店裡的品項明明很多，卻不會給人雜亂感。在這裡，就好像身在親密朋友家的客廳當中，可以度過非常舒適的時光。

1.

2.

古老的物品幾經人手，在此時此地重新甦醒

店主具備設計及室內裝潢相關的工作經驗，夫人是位作家，兩個人所收集的物品，都是些曾經有人非常珍愛地保養、長時間愛惜使用，能夠令人感受到使用者呼吸的東西。用楔子補修過的大盤、有修補痕跡或者木屑有些剝離，卻惹人憐愛的娃娃等等，現在仍能感受到當時那份氛圍。

已經休業的法國鐘錶製造商「JAZ」的桌上型時鐘、Peugeot的咖啡豆研磨機等實用物品，並非只是保養後讓它們能夠使用就好，店主也非常留心，要留下它們歷經風霜而產生的氛圍。另外像是法國廠牌「Creil et Montereau」那畫了謎語圖的彩繪盤等等，這類展現出古窯特長的物品，也能夠讓人感受到隱藏的玩心。

店主的想法是「因為自己感受到物品所擁有的溫度、以及它們巨大的存在感，而希望能將這些心情傳承下去」，因此才會將店家命名為燕子（譯註：店名的Tsubame為日文的燕子），因為燕子這種動物，在東奔西走後，總是會回來。這些歷經不同人手、生了鏽的物品，在經過這家店之後，會帶著新的價值甦醒。這許多的物品，除了「可愛」以外，也令人強烈感受到它們另一種魅力。

4.

3.

Tsubame Märkt

(ツバメ マルクト)

東京都武蔵野市吉祥寺本町4-13-3／☎0422-27-2709／🕒11:30-19:30／星期三公休（若遇假日則延至星期四休息）／JR中央總武線吉祥寺站徒步約11分／http://tsubamemarkt.com/

1. 保養時留下材質本身沉重質感的黃銅咖啡研磨器。為了讓人能在店面確認其使用感，還準備了試用的豆子。／2. 將在不同國家骨董市場購買到的圖畫及畫框組合成新的掛畫。／3. 照片中央靜靜佇立的是 Pelican 的苯酚樹脂置物盒；一旁以紙漿凝固製成的紙漿粉底盒，現在也還殘留些許當時的香氣。／4. 高雅但仍具玩心設計的杯盤組，和裝飾風藝術時代的粉盒。另外還有用在珠寶及工業產品的苯酚樹脂材質雜貨等。

CHUO LINE

№ 2

MAP 3-B

【吉祥寺 | KICHIJOJI】

atelier coin

本店於 2009 年開張，2015 年時轉移至目前所在的中道通商店街。商品從早期以重力為動力來源的原始結構時鐘，到後期以電池為能源運作的時鐘等，作品一字排開宛如陳列出時鐘的歷史。

對古老物品的憧憬是刻畫時間的原動力

「骨董是沒有辦法全新製作出來的東西。但是，只要長久使用，其耐人尋味之處便會更有深度，我想製作出那種宛如牛仔褲一般的鐘錶。」手工鐘錶作家大護慎太郎先生，在仿如歐洲童話中才會出現的小小工作室中，凝視著那不可思議的眾多鐘錶，如此說道。覆蓋在牆面上的，是將舊蘇聯或德國等地古老時鐘重新組裝，由大護先生為其注入新生命的壁掛式時鐘。塑膠、紙、金屬等各種不同材質的數字盤面，躍現出各種不同字型的文字，也有盤面切割出奇妙傾斜角度的時鐘。相較於壁掛時鐘那巨大的尺寸，本店的手工錶，每個單獨的零件都非常精細。使用的是珠寶裝飾品當中也會用到的銀或黃銅等、加上古老皮革剪裁製作而成的錶帶，組合在一起。這些繁瑣的手工作業都在店裡的工作室中完成。相較於以鍍色收尾、把素材原先色調都封閉在內的現代手錶，大護先生的作品，具備了經年累月而變化出現的魅力，可說是活骨董。

1.

2.

讓思緒奔馳在橫跨數千年的鐘錶上
他們曾歷經的過往與尚未窺見的未來

在這些精密製作的鐘錶旁，隨意地擺放著古老物品，也是該店的有趣之處。這裡放置的東西，有在逛台灣五金行時找到的古老螺絲，還有從烏克蘭出土、據說已渡過兩百年時光的東西。這些零件除了被拿出來直接販售以外，似乎也會成為妝點桌上型時鐘作品色彩的一部分。齒輪等古老鐘錶的零件，也是單一物品就魅力十足。小的鐘錶零件或齒輪、數字盤等東西，據說經常有迷你模型作家、或者攝影師等創作者前來購買。只不過是將鐘錶這種隨手可得的工具給分解開來，反而更能感受到物品的力道。

「時鐘最一開始是將棒子插在地上，成為日晷，再隨著人類的歷史，動力來源轉變為水、火，然後是電。」時鐘是陪伴人類一路走來，滿載著歷史的工具。利用太陽造成的影子測量時間的日晷，是距今數千年前誕生的。而未來的鐘錶，也許會用現在我們也無法想像的東西作為動力，繼續刻畫時間。何不將慌慌張張的日子擺在一邊，來到這裡，讓人能夠稍稍停下腳步，針對時間、以及它與人類共同走過的歷史思考一番。

4.

3.

6.

5.

atelier coin

(アトリエ コワン)

東京都武蔵野市吉祥寺本町4-13-15／☎0422-77-0086／13:00-19:00／星期二、三公休／JR 中央線、井之頭線吉祥寺站徒步約 10 分／http://www.joieinfiniedesign.com

1. 切割古老的木材，仿照歐洲鐘塔打造的時鐘。另外還有原創品牌「JOIE INFINE DESIGN」的手錶。／ **2.** 數字盤與齒輪。將這些老東西放在一起，就宛如手工藝品用的零件。／ **3.** 使用蘇聯等地的舊數字盤製成的壁掛式時鐘。重量非常地輕，用圖釘就能固定。／ **4.** 使用了與鐘錶相同零件或材料的裝飾品，其魅力也會隨著時間增加。／ **5.** 美麗的擺設讓人忘卻時間。／ **6.** 使用口琴橫丁（ハーモニカ橫丁）裡的店家「歌川模型」的齒輪、以及鑄造的零件製作成的吊飾。能夠做出好幾個幾乎一樣的東西，正是金屬才有的樂趣。

CHUO LINE

№ 3

MAP 4-B

【西荻窪 | NISHIOGIKUBO】

FALL

在墨西哥的教會裡，會販賣這種只有指甲般大小的金屬護身符「milagro」。據說如果身體某個地方不舒服，就帶著代表那地方的小東西，煩惱就會消失了。

持續改變樣貌的雜貨店

正想著，這店裡有這種可說是正統派骨董、100年以前的法國玻璃杯呢；卻發現在玻璃杯後面的，竟是墨西哥的護身符，還附上了「用擺在快作廢辦公室前的打字機打出來的」價格標籤。有人認為這裡是「骨董品商店」，但也有人當這裡是「雜貨店」。我想，大概也會有人認為這裡是「順便賣點雜貨的活動用展演空間」吧。在店裡繞了一圈，陳列的東西除了國家、時代都不一樣以外，還有一些根本不知道原本是什麼樣東西的品項，但是，一定會有什麼東西緊抓住你的心神。

過陣子再去看這間店，店裡的樣子甚至會大不相同。但在買完東西離開以後，仍會有著覺得「這真是個有趣的地方」的心情，卻總是不會改變。店主三品輝起先生表示：「我的目標就是會逐漸變化的店面」，也因此，如果想要掌握這間店，它就會從手中溜走，真是個非常不可思議的地方。甚至忍不住會覺得，在店裡逛的時候，該不會就又開始變化了吧？

1.

2.

讓人覺得只要去到那裡「一定會有什麼」的地方

店家於2005年在西荻窪開張，之後轉移到已有80年歷史的建築物，也就是目前的店面，繼續營業。占據偌大架子的是創作器皿及骨董餐具；也有幫每週會前來拜訪的創作者進行作品展示等等。另外，店裡陳列的東西領域廣泛，因此會有各種需求的人前來。

「我想應該沒有人會喜愛我的店家整體吧。客人們的目標都是各自喜愛的東西，完全不會走到不同一個壺裡去。」三品先生以「章魚壺」來表現這間店的存在方式，不過一間店裡會聚集各種喜好的人，這件事情本身就影響了店家的樣貌。

「不管是古老的東西、或者嶄新的東西，如果一概視作雜貨，我想應該都是一樣的。我不是非常在意東西的年代。」宛如要為這句話提出證明一般，100年以前法國製造的貴重玻璃杯，在這間店面裡偷偷地被當成餐具架來使用。但這並不是隨手亂放，而是為了提升彼此的存在感，使物品更加有魅力、惹人憐愛。「如果長久做一樣的東西，對象就會變得非常狹隘，因此我想盡量走向和原本有些偏離的方向。希望能夠讓這間店維持在一個有些不對勁、令人搞不懂的那種感覺。」

4.

3.

6.

5.

FALL
（フォール）

東京都杉並区西荻北 3-13-15 1F ／☎ 03-5856-0522 ／ 12:00-20:00 ／星期一、二公休／ JR 中央總武線西荻窪站徒步約 3 分／ http://fall-gallery.com

1. 被具有骨董感包裝紙包裹的香皂等，這類香氛相關物品也是常有的商品之一。／ 2. 陶藝家工藤冬里打造的器具。／ 3. 雖然能夠融合在店裡的氣氛當中，卻仍然非常醒目的美國帆船模型。搭配上有著生硬表情及獨特風情的礦工人偶，打造出一個小小故事的場景。／ 4. 「不知是否和日本人喜愛的復古感方向不同，每次更新過就看起來更遜。」店主以略帶憐惜口吻評論的是智利的筆，這些現代文具的品項也非常繁多。／ 5. 放了木製刀具和湯匙的玻璃杯，是 1880 年代～ 1900 年代的貴重物品。／ 6. 在相機普及以前的小尺寸照片。

CHUO LINE

№ 4

MAP 4-B

【高圓寺 | KOENJI】

ハチマクラ

不光是看著賞心悅目，也有許多像是明信片、信紙組、紙袋等，能夠使用於現代生活中的東西。放在店裡深處的德國紙袋，那種沙沙感的紙質，現在已經逐漸看不到了。

令人忍不住要驚呼出聲的五彩繽紛色紙及包裝紙。似乎有許多現代印刷用不出來的顏色。這些收在抽屜深處，還請向店家詢問看看。

愉快迷失在紙張愛好家的抽屜當中

「在我還是小學生的時候，會收集掉在路上的鐵板或生鏽的釘子，也喜歡和朋友交換色紙之類的。還曾經擅自從奶奶的裁縫盒裡拿走針包，因此讓大人們對我大發脾氣。」

店主小倉小姐笑著說道，我以前就是那樣的少女呢。一開始是由於做圖案設計的工作，開始收集古老紙張作為參考資料，因此又重新燃起了對紙張一度放棄的愛好，轉而成為經營這間店的契機。店裡宛如是個大抽屜，能夠窺視小倉小姐的喜好。戰前的三越及高島屋百貨的包裝紙、單色印刷的匈牙利郵票、歐洲各國的壁紙等等，就算不拿來使用，也都是些靜靜看著，就美到令人嘆息、魅力十足的物品。當中還潛藏著德國通貨膨脹時期的臨時貨幣、大約100年前的法國少女雜誌等等，這類非常貴重的東西。要是孩童時代就有這種店家，我肯定就會經常握著千元大鈔，和朋友們一起衝來這間商店吧。

1.

平常不太在意的隨手可得紙張也有著美麗與樂趣

「以往的設計真的非常自由。像這樣，看著從前的紙張就會知道，那時候完全不像現在，一定會放公司的商標之類的，這類必須遵守的條件非常少。規格和顏色也各式各樣，讓人覺得非常開心。」

小倉小姐覺得設計優美的物品特別眾多的，就是法國的印刷產品。據說不管是在設計、顏色、字型各方面，都具有驚人的美感。另一方面，這裡也有戰前日本的襯衫袋子，會把「WOOL COTTON SHIRT（法蘭絨襯衫）」這種商品名稱標記為「URU KOTON SHATSU（譯註：以日文拼出英文的發音）」等等，這種令人不禁啞然失笑的表現手法。剃刀的包裝紙、未曾使用過的糖果紙、牛奶瓶蓋子的包裝紙等等，即使是在平常生活中使用，很可能馬上就會丟掉、逐漸遺忘它們存在的這些東西，其實也都蘊藏了小小的美麗。

話說回來，這樣具有魅力的紙張，市場上卻似乎越來越少了。小倉小姐的收藏，不管在顏色、設計或者手感，甚至是氣味方面，都綻放出各種魅力。這些商品不會在店裡長久停駐，而會逐漸的隨著客人之手踏上旅途。不管是過去製作了多大量的紙製品，在眼前的也許就是這個世界上的最後一張了。這樣的念頭，使得店裡的每張紙都看起來更加閃閃發亮。

3.

2.

5.

4.

ハチマクラ

(はちまくら)

東京都杉並区高圓寺南 3-59-4／☎ 03-3317-7789／13:00-20:00 左右　周日及假日 13:00-19:00 左右／星期一、二公休／JRR 中央總武線高圓寺站徒步約 5 分鐘／http://hachimakura.com

1. 除了冰淇淋的紙製包裝盒和紙箱等立體物品以外，店裡也到處放著像是溫泉街上會放的那種，傻裡傻氣感的土產、以及德國的玻璃杯等小東西。／**2.** 象牙色與棕色的可愛店面，有著宛如柑仔店的氣氛。據說這真的是在大正時代就蓋好的建築物。／**3.** 店裡宛如歐洲的文具店，但也有印度的紅白包袋及亞洲的紙張產品。／**4.** 令人想拿來做拼貼作品的各式英國公車票。／**5.** 據說是久久才會進貨一次、非常貴重的石蠟色紙，以及昭和時代的玩具和錢幣等等。不管是多小的東西，都非常細心的用袋子包裝起來。

CHUO LINE

№ 5

MAP 4-B

【西荻窪 | NISHIOGIKUBO】

Boîte

在盛行製作咖啡歐蕾碗的法國東部亞爾薩斯地區，據說曾有多達 800 位工匠於該地創作。而現在僅存數十位工匠，將過往的技巧流傳至今。

精選巴黎人人皆愛的「現今」與「往昔」

Boîte，在法文裡是「箱子」的意思。以部落格『巴黎，有時還有巴布』聞名、居住於巴黎的攝影暨散文作家／髮型師 Tono Mariko 小姐所精選的物品，就陳列於此店當中，擺設得宛如擷取她在巴黎的生活一景。在西荻窪這裡，有許多和風骨董店、以及氣氛雅致的骨董貨品商店，因此這間陳列著五彩繽紛盒子、以及琺瑯製餐具等，比其他店面亮了一個色階的店家，經常會吸引過往之人停下腳步。

推開玻璃門，首先吸引來客目光的，就是在店內深處一字排開、整齊陳列的骨董咖啡歐蕾碗收集品。被粉彩色調大碗妝點的牆面，那惹人憐愛的樣子，令人忍不住驚呼出聲。那些對於日本人來說非常具現代感的花樣，其實是歷經幾個世紀傳承至今，這可是一點兒也不稀奇。在法國，飲食文化當中會把麵包拿去沾咖啡歐蕾，因此咖啡歐蕾碗對他們來說，比日本人所想的還要貼近生活。不僅僅是法國長棍麵包，據說連像丹麥麵包那種甜麵包，他們也會泡進去吃。

讓日常生活看起來有所不同
塞滿種種提示的寶盒

1.

2.

3.

4.

環視這稍微挑高的天花板，回神看向店裡，發現陳列了許多色調柔和的餐具。以1950～1970年代的老商品為中心，這些幾乎都是能夠輕鬆用於日常生活的東西。「如果在巴黎，經常會在一張餐桌上看見許多不同花樣的盤子」。要收集到好幾個相同花色的骨董餐具實在太過困難，因此要將這種餐具拿來給一家人使用，總覺得似乎不是很好，但聽了店長這一席話，就覺得自由了許多。

店長精挑細選時下巴黎女性喜愛的品牌商品，都是那種讓人想在特別的日子戴上身的首飾。摩納哥工匠一個個手工精細打造的品牌「Miss Bibi」，創作出木偶、吊燈、高跟鞋形狀的飾品，既優雅又有著原創設計。另外，讓蔬菜水果鮮豔圖案更加顯眼的樸素購物袋、能夠提到常去的蔬菜店或麵包店買東西的購物籃等等，這些能為日常生活增添趣味的東西也魅力十足。在店裡的咖啡廳，或許也能從店主與客人那隨性的對話當中，聽見一些享受生活的點子呢。在這個店家，能夠以肌膚感受法國人們往來於今昔之間的真實生活。

6.

5.

Boîte
（ぼわっと）

東京都杉並区西荻北 4-5-24 1F ／☎ 03-6762-7500 ／ 11:00-20:00（4 ～ 7 月不定期營業，還請確認 Instagram）／星期二公休／ JR 中央總武線西荻窪站徒步約 8 分／ https://www.instagram.com/boite.tv/

1. 在法國市場中使用的五彩繽紛購物袋。用來分裝東西似乎也非常方便。／**2.** 非常受歡迎的購物籃。放在平面上也能自己立穩，如此堅固令人信賴。／**3.** 紅藍格子近年來受到喜愛法國的人矚目，是巴斯克地區的傳統花樣。／**4.** 店裡也有咖啡廳區域。可以在此喝著咖啡歐蕾或紅酒，悠閒度過一段時間。／**5.** 餐飲工具有著惹人憐愛的金屬質樸感，種類也十分豐富。／**6.**「Miss Bibi」的耳針。將木偶的鼻子加上了齒輪形狀設計，非常可愛。都是些非常纖細、卻又玩心十足的東西。

CHUO LINE

№ 6

MAP 4-B

【西荻窪 | NISHIOGIKUBO】

Northwest-antiques

木製家具以英國及美國的東西為主。積極進貨的，除了幾乎是椅子代名詞的溫莎椅以外，也匯聚了不少餐桌等正統派的用品。

鋁製大型行李箱等、存在感十足且稍帶男性氣息的金屬產品，種類也十分豐富。這裡也經常會有男性骨董風格不可或缺的金屬電風扇，值得特別關注。

代代相傳繼承的質樸堅實家具們

店裡除了活用沉重木頭質感打造而成的木製家具以外，也有令人感受到其玩心的金屬材質椅子等等，陳列著許多具有男性穩重氣息及樸實感的物品。店主望月拓男先生與平山哲也先生，原先是在昭和57年於西荻窪創業的日式骨董店『慈光』工作，之後獨立開了這間店。兩位繼承了『慈光』的合理價位，又以強調店主喜愛的美國骨董風格的商品線為主，除了非常正統以外，也是這條街道上非常貴重的店家。望月先生說：「本店真的就是骨董的入口。」店裡有一萬日幣上下就能買到的椅子或櫃子等等，各式各樣與現代新品價格不相上下的骨董家具。店裡經常替換商品，整體擺設經常會宛如重獲新生般大不相同，但就像望月先生所說的，其實每個商品都會呼喚與它自己相近的東西，因此很自然的就會有相同範疇的東西慢慢進來。不管是英國質樸堅實的木製桌子、或者獨具玩心的美國金屬櫃子，都會一同陳列在視野良好的店面裡。

1.

2.

每次來訪都給人不同的印象
店裡匯集了每天都能使用的「真品」

長久以來觀察這條街道的望月先生表示，他感受到西荻窪已經逐漸開始改變。「和以前相比，骨董商店已經減少了，相對地，小型的個人商店和時髦的飲食店增加了不少。但就算街道已經開始轉變，如果那些十幾年前去過『慈光』的人，能夠想起西荻窪的街道，然後再次來訪的話就太令人開心了。」

詢問本店的店名由來，是否是為了想展現西荻窪的街道？平山先生卻給了個意外的回答：「店名由來是美國的工作靴品牌『White's』當中，一個叫做『Northwest』的型號。雖然是頂尖的工作靴品牌，卻在產品當中做了一雙平常用來穿的靴子，就像這樣，被認為是真品的古老物品，卻能讓大家拿來在日常生活當中使用，大概是取這樣的感覺。」據說最近會有客人，是因為有想購買的商品，就在網路上用圖片搜尋，於是找到這間店來。不僅僅是街道本身，就連逛骨董街的方式，也已經逐漸轉變為全新型態。在這樣的時代裡，不僅僅是使用那些模仿過去物品的設計，也希望大家能夠觸摸那些現代家具起源的真品。店名就蘊藏著兩個人這樣的希望。

4.

3.

6.

5.

Northwest-antiques
(ノースウエスト アンティークス)

東京都杉並区西荻北 4-18-6 ／ 03-3396-2040 ／ 11:00-18:00 ／星期三公休／ JR 中央總武線西荻窪站徒步約 10 分鐘／ http://northwest-antiques.com

1. 在醫院裡使用的小瓶子或玻璃牛奶碗、剪刀等等。還有寫著藥品關係製造商名字的鉛筆。／ 2. 雖然以美國骨董商品為主，但也會隨時機不同而大幅更換商品。／ 3. 食物模型。這裡也有許多白瓷器皿或珐瑯的餐具等等，餐飲相關的小東西也很多。／ 4. 被稱為 refectory table的大型餐桌。／ 5. 就像是美國電影當中會出現的那些有流行印象感的餐具。店裡還有客人委託販賣的汽車海報等等。／ 6. 使用過的金屬質感非常美麗，這是英國的手動鑽子。

CHUO LINE

№ 7

MAP 4-B

【西荻窪 | NISHIOGIKUBO】

MOKUTATE
駱駝

經營這間店的，是負責修理家具、門扉製作及裝修的山本先生；為玻璃進行噴砂等加工的宮崎泉先生；同時承接這些技術、傳給下一代的年輕人穴藏紘之先生。

持續傳承逐漸失去的日式房屋之美

綠色玻璃透出了宛如樹蔭般柔和的光線，下面陳列著大量紅色、藍色、紫色的切子工藝玻璃杯。望向店面深處那工作室般的風景，讓人有些卻步，卻聽見裡面傳來令人感到溫暖的聲音：「請進，在找什麼東西嗎？」聽見那聲音而放鬆心情走進去，看見天花板上有著好幾個宛如戰前電影裡會出現的玻璃吊燈，牆邊還立著各式各樣設計的門扉。我來這裡好幾年了，這天終於忍不住告知了一直都很在意的事情，店主山本利幸先生笑著說：「的確，常有人說我們這裡不像店面呢。」這間經手玻璃產品與燈具、門扉等的店面，是在昭和61年時誕生的。「一開始是彩繪玻璃的教室、還有自己興趣而收集的老東西。因為會離開店面，去進行彩繪玻璃的工作，結果經常無法開店，後來就變成了不製作彩繪玻璃，而改為販賣或修理門扉及家具為生。」光是聽著店主緩緩述說經歷，非常不可思議地，腦中便能浮現出山本先生經手的門扉之美。

窗櫺射入的綠色光線，映照出材料的陰影
連結了歐洲與日本的日常生活

1.

2.

本店同時也經手日式改裝，會有各式各樣的顧客來訪。想要讓古老民房重生作為店鋪的人；雖然請大型建商蓋好了房子，但卻想選擇一些較具個性門扉的人。「老房子雖然拆掉了，但長久使用、有親切感的門扉又捨不得丟，經常會有這種希望能夠改造老門扉的人。也可以用珠子及竹子來表現清涼感。觀察對方家族構成、興趣及隔間，再根據他會看到的視線來提出門扉建議，也非常重要。」

同時了解家庭結構與人的目光，因此店主非常重視的事情就是，不能單單觀看物品本身，而是要留心，將其擺在日本的家中會是什麼樣貌。「日式房子裡放上彩繪玻璃，那框架的鉛色就是令人無法接受，因此我用木頭取代鉛、結合玻璃製作成門扉。會經常使用綠色的玻璃，是因為日本夏季炙熱的陽光照在西洋的紅藍玻璃上，會變成帶些險惡感的光芒。而看起來就像樹蔭下陽光的綠色，就算打在臉上，也是看起來很自然的顏色。」傳承了大正時期流行的日本住屋與西洋裝潢融合的風格，並且嘗試讓它變得更佳符合日本風情，正是店主的工匠之魂。

4.

3.

6.

5.

MOKUTATE 駱駝

（もくたて らくだ）

東京都杉並区西荻北4-35-8／☎03-3397-8737／12:00 - 19:00／星期三公休／JR中央總武線西荻窪站徒步約10分／https://www.nishiogi-rakuda.com

1. 1樓的風景。2樓能夠看到更多品項。／2. 讓人感受到不可思議的綠色鈾玻璃產品。那宛如從另一個世界傳來的綠色被稱為「新綠」。／3. 該店經手的切子工藝品，是以有著俐落幾何學圖樣的裝飾風藝術產品為主。／4. 以噴砂手法加工完成的門扉雕花玻璃。結合了矢羽根等古老圖樣，以及花朵和幾何學的嶄新獨家花紋。／5. 據說從玻璃的斜面面積及厚度等等，就能夠看出製作年代。前面的是大正末期、後面的則推測是昭和10年左右的東西。／6. 店家挑選的燈具都是戰前的國產品。門扉就算只是靠牆站著，也十分美麗。

CHUO LINE

№ 8

MAP 4-B

【西荻窪 | NISHIOGIKUBO】

ひぐらし古具店

積極進貨的品項之一，這是在木製骨董椅當中，屬於英國古老家具製造商「Ercol」的產品。照片上是有著美麗柔和焦糖色的榆樹材質椅子。

乍看之下具有歐洲風格，但其實是昭和時代的餐具櫥，裡面陳列著在英國跳蚤市場上買到的雜貨。燈罩、捲尺、玻璃瓶等等，這類能拿來實際使用的東西，都是店裡十分豐富的品項。

在物品充沛時代的簡單美學骨董

想把自家的裝潢做得像咖啡廳一樣。能夠回應客戶這種心情的，就是這間「ひぐらし古具店」。在充滿骨董店及咖啡廳的西荻窪漫步之時，發現了這間店。店裡擺放著大到似乎能把整顆頭放進去的琺瑯製燈罩、質樸卻有著柔和氛圍的成套桌椅等等，有許多以1950～1970年代為中心的骨董家具。

在這裡工作的一位女性，據說原本是在這間店開張以前，就經常在西荻窪的骨董店裡往來閒逛的客人。她表示：「最近有不少咖啡廳，開始引進那些裝飾較少、也較為簡單的工業設計，近年來重新生產的商品也滿多的。不過我們店進貨的主要商品，是屬於那些工業設計的原型，也就是中世紀古老而美好的東西。」

本店以有著俐落而不多加裝飾的設計品為商品主線，據說也有許多年輕顧客，是因為在雜誌上看到「包浩斯」＊之類的關鍵字而前來造訪。

＊包浩斯：一種注重造型及實用的現代建築風格。

線條簡單的骨董魅力
整合了物品充沛的時代

1.

2.

「我覺得西荻窪有非常多眼光銳利、以尋找真品為主的人非常多。」工作人員的女性如此說道。我向她詢問，如果希望自己家裡有著俐落咖啡廳的感覺，是否有什麼建議。她回答：「如果要先選擇能夠比較輕鬆購買的家具，應該就是椅子了吧。可以結合古董與新商品，或者把有靠背的椅子和凳子放在一起，不必刻意收集設計相同的東西，其實也滿不錯的。只要放一個骨董在房間裡面，就會產生玩心了。」

除了家具以外，ＤＩＹ產品也是店裡一個重要方向。就以掛鉤或者門把等等零件來說，店裡有目前市面上的新商品、也有骨董產品，同時也有進門板和建築材料之類的東西。就算是不能夠在牆壁上敲釘子的租賃住宅，也可以將門固定在較矮的家具等處，或者在物品上使用掛鉤和螺絲等金屬零件固定。另外，也可以將原先的吸頂燈拆下來，裝上骨董燈罩；將一些生活感過重的小東西，放進馬口鐵的收納盒裡藏起來等等，這都是店裡四處可見的點子。這裡有許多物品，讓人能將雜亂的客廳收拾整理過後，打造出一個可以沉浸在咖啡時間當中的房間。在德國，ＤＩＹ的精神遠比日本興盛，還請將這個念頭也納入日常生活當中。

4.

3.

6.

5.

ひぐらし古具店
（ひぐらしふるぐてん）

東京都杉並区松庵 3-37-21 1F／☎ 03-5941-3642／12:30-19:00／星期一～三公休（有不定期休假））／JR 中央總武線西荻窪站徒步 2 分鐘／ http://higurashi.shop-pro.jp

1. 德國工廠或公共設施裡使用的壁掛式時鐘，有著直徑超過40cm的數字盤。拿來作為房間主角非常具衝擊性。／ 2. 德國最具代表性的製造商「Lipa」的燈罩。電燈開關等燈具相關的現代產品也種類繁多可供選擇。／ 3. 馬口鐵盒是現代商品。裡面放的是能夠安心在餐桌上使用的蜜蠟和檸檬油。／ 4. 松木製的骨董門板以五萬日幣上下的物品為主。／ 5. 德國的手工製作工具大賣場「Bauhaus」原創商品。設計成宛如玩具一般的水平儀，十分惹人憐愛。／ 6. 黃銅和青銅的骨董門把及各種把手，以英國的物品為主。

CHUO LINE

№ 9

MAP 4-B

【高圓寺 | KOENJI】

malto

二樓的風景。隨手放著以黃銅作為框架的玻璃盒以及球體，當中有菇類的模型或者骨董鈕扣，宛如珠寶裝飾品般。

讓人聯想到童話世界的兔子時鐘、英國貴族喜愛的狗兒外型裝飾品等等，這類動物樣貌的東西也很多。據說是因為店主前川小姐自己非常喜歡，因此會特別留心收購這些東西。

迷路走進宛如童話故事的世界

古著店林立的緩坡上頭，出現在眼前的店家是「malto」。二樓的窗戶有著茂密植栽，雖然也與街道非常融洽，卻隱約給人不可思議的存在感。以格林童話的世界為概念，這間店是由1910年建造的長屋改建，將歐洲古老工具非常擁擠地排在一起，讓人宛如迷路走進了童話主角的家中。

骨董風格的全新商品放在一樓；而店主前川祥子小姐從英國和法國買回來的東西則陳列在二樓，以極為浪漫風格的樓梯相連接。另外，美濃燒及沖繩的『やちむん（Yachimun）（譯註：沖繩獨有的陶藝品）』等等，日本作家製作的器皿，也都是能作為重點擺設的物品。更加顯眼的是二樓窗邊一角，那有著書齋風格的書桌。閃爍著琥珀色光輝的19世紀椅子、曾在大海的另一頭刻劃歷史的打字機，都沉浸在由天窗射入的柔和光線當中。店裡到處擺放的古書，也是引人走進童話世界的導覽員。這裡有許多18世紀後半～19世紀中旬的貴重書籍，據說連經常前往東京屈指可數古書街神保町的客人也感到驚訝。

1.

由森林中出現的二層樓建築物是「不可思議之國的雜貨店」

大至使用古老船隻材料製作成的家具、小至DIY的零件材料一應俱全，商品種類之繁多也是本店的魅力之一。據說店長購買這些家具零件，除了前往英格蘭南部的港口城鎮──布萊頓的骨董店、以及法國的跳蚤市場以外，甚至足跡還延伸至印尼去。各式各樣風格的物品都以「童話」這個關鍵字為主，全都帶有懷舊風格。

前川小姐說：「在外國除了跳蚤市場以外，就算是普通街道上的物品回收商店，都可能會有骨董商品，就和一些廉價的二手物品隨意放在一起。」

前川小姐會開這間店的契機，似乎是19世紀的椅子等等，維多利亞風格的家具。該時代最具代表性的溫莎椅，靠背是有著宛如氣球般圓滾滾的外型線條，非常美麗，在這個優雅又帶些暗黑魅力、以及玩心交錯的店中，展現其凜然姿態。這個融合了正統派骨董家具、以及不可思議雜貨的空間，宛如是開在夢境與現實的夾縫之中。令人忍不住也想將自家的客廳或寢室，改造為曾經在夢裡見過的那個世界。

3.

2.

5.

4

malto
(マルト)

🏠東京都杉並区高圓寺 2-20-17／☎ 03-3318-7711／⏲ 11:00-20:00／無公休日／🚉東京地下鐵丸之內線新高圓寺站徒步約 4 分；JR 中央總武線高圓寺站徒步約 10 分／ http://www.salhouse.com

1. 宛如直接裁剪生活一景的擺設方式，既有幻想風格又有極高的重現性。廚房用品、DIY零件、園藝商品等等，這裡也聚集了能夠妝點各種日常生活場景的骨董商品。／ 2. 日幣一千元左右就能買到的杯盤組、銀盤餐具等，也是該店非常自傲的品項們。／ 3. 骨董風格的餐具和廚房用品也種類繁多。／ 4. 春天還會有蝴蝶翩翩飛舞、綠意盎然的店面。／ 5. 另外也有抽屜把手、金屬製的掛勾等 DIY零件，以及畫框等裝潢用品。

SHOP DATA
東京都杉並区阿佐谷北2-9-5／☎ 03-3336-6414／12:00-18:00（唱片時間）、18:00～依節目而異（演奏會時間）／星期二公休／JR中央總武線阿佐谷站徒步約5分

中央線地區・阿佐谷

名曲喫茶 ヴィオロン

（名曲喫茶 VIORON）

值得繞路前往的
咖啡廳
№ 01
MAP 4-B

1.

在莊嚴的音樂廳中注滿一杯對音樂的愛

AREA 中央線

2.

3.

內部的裝潢重現了維也納著名音樂廳「金色大廳」，店裡也響徹著古典音樂的音調……本店與高圓寺的『ルネッサンス(RUNESSANSU)（註：文藝復興）』、國分寺『でんえん（DENEN）（註：田園，貝多芬第六號交響曲）』，同樣都是繼承了中野過往非常有名的咖啡廳『クラシック（classic）』遺志的咖啡廳之一。店長寺元健先生是原先負責『クラシック』音響設備的人。他懷抱著許多前輩的建言，到歐洲各大音樂廳去巡迴聆聽音樂、鍛鍊自己的耳朵。這裡除了能夠提供真正的音樂聲響以外，只要有點餐點，當天都能自由進出，也可以帶食物進去。這種非常獨特的服務，也是受了中野『クラシック』的影響。希望大家務必要去一次每個月第三個星期天的黑膠唱盤音樂會。店長說：「唱片只要好好更換針頭保養，非常愛惜地聽的話，是不會聽到壞掉的。」宛如要證明他所說的話，店中響起了跨越時代的音樂。

1.『クラシック』、『でんえん』、『ヴィオロン』的火柴放在一起。香氣十足的咖啡，附上奶或白蘭地，日幣 450 圓。麵包脆餅日幣 250 圓。／2. 店裡陳列著店長在歐洲骨董市場收購的骨董商品。／3. 店裡的擴大器真空管，使用的是店長自己做的物品。

SHOP DATA
東京都杉並区高圓寺南3-57-6 2F／☎03-3312-7941／平日13:30-22:30；六日及國定假日12:00-22:30／星期一公休（若當日為國定假日則延至星期二休假）／JR中央總武線高圓寺站徒步約5分

中央線地區・高圓寺

アール座読書館

（AARU座讀書館）

值得繞路前往的
咖啡廳
№02
MAP 4-B

1.

在寂靜當中面對自己 都會中的秘密咖啡廳

2.

3.

在綠意盎然的店裡，音樂以非常小的音量緩緩流動著，剩下的聲響只有烹煮咖啡的聲音，以及翻書的聲音靜靜飄盪在空間中。這裡是提供人不對話而享受寂靜的咖啡廳。「將意識只對著眼前的東西，讓感官能夠放開。」因此也能驚訝於眼前的飲品，竟有如此深奧的口感及華麗的香氣。店主渡邊太紀先生表示：「正因為大家很難擁有忘卻一切的時間，所以我想打造一個能夠那樣度過一段時間的場所。」有客人是平常無法將想法傳達給某個人，想慢慢寫封信給他；也有眺望著水槽靜靜發呆的人；或者來這裡打毛線的人。一個人靜靜度過也不錯，不過更推薦的是，和重要的人一起來訪。只用眼神和動作來交談，也許能窺見對方不為人知的一面呢。

1. 抽屜當中有閃閃發亮的礦石，以及寫滿來訪之人心思的筆記本等等。信紙組（日幣1100圓，附飲料）。／2. 椅子和桌子每組都不一樣，坐在不同的座位上也能看見不一樣的店面。／3. 店裡是以宮澤賢治的童話『黃色番茄』中的老舊博物館為概念打造而成。

* * *

旅程仍在繼續進行。

SMALL ANTIQUES & COFFEE SHOPS IN TOKYO

AREA 2

SHIBUYA · MEGURO SETAGAYA·SHINAGAWA

EBISU · DAIKANYAMA · YOYOGI-KOEN · MEGURO · SANGEN-JAYA · SHIMOKITAZAWA · NISHIKOYAMA

澀谷、目黑、世田谷、品川

惠比壽、代官山、代代木公園、目黑、三軒茶屋、下北澤、西小山

SHIBUYA·MEGURO·SETAGAYA·SHINAGAWA

№10

MAP 5-C

【目黒 | MEGURO】

POINT No.39 & POINT No.38

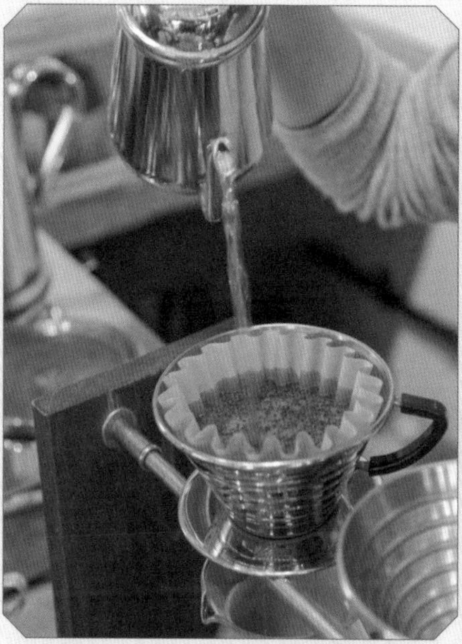

店面深處的「SUNAO COFFEE」。販售有著華麗香氣的衣索比亞等咖啡（小杯日幣350～圓）、甜甜圈、瑪芬等。營業到16點。

占據店面約1/3的工房也非常帥氣、惹人注目。以法國PEUGEOT公司的骨董腳踏車為始，本店會為顧客進行維修工作。上面是陳列家具和小東西的夾層樓。

宛如好萊塢電影的燈具邀您入店

從目黑車站往西邊延伸的目黑通，是日本首屈一指的裝潢用品街。從餐飲店林立的權之助坂緩緩散步而下，接連出現的就是各式各樣的裝潢用品店，從現代裝潢商品到骨董家具一應俱全。受到「POINT No.39」窗裡透出的柔和光芒吸引，推開大門，迎接顧客的是在頭上閃爍、滿滿的大量燈具，以及十分具存在感的木製家具。這簡直就像是從黎明期邁入黃金期的好萊塢電影世界。

由於受到20世紀前半美國西海岸燈具及家具魅力吸引，店主杉村聰先生開了這間店，而店裡同時也維修及販賣骨董腳踏車，並且集聚了家具及照明器具。店裡也設立了「SUNAO CAFFEE」，讓人能夠使用店裡的桌椅小憩，悠閒的端著一杯手沖咖啡度過一段時光。那些放在店裡，讓人很難想像使用情況的家具，也因為一杯咖啡，而成為使人能夠感受到日常風景的空間。

1.

由於追求好品質而生
傳承古老並編織出全新物品

從「POINT No.39」步行大約五分鐘左右，會抵達「POINT No.38」，這是同時經手骨董家具的燈具專門店。店面以1920年代紐約小巷中的骨董店為概念來打造，店裡掛了許多吊燈。明明是跟一般家庭相去甚遠的空間，卻非常不可思議地，給人安穩到想要住下來的感覺。本店質樸而簡潔的主要商品，是結合美國老設計與現代裝潢的原創商品。據說光是為了準備，在美國的電器行到處收集零件等就花了大約兩年。

「1980年代的後半，商品製作一口氣導向成本取向，但在那之前是競相做出好東西的時代。以前鐵的零件生鏽的情況非常穩定，也不會選用加工容易的材料，而是採用堅固的材質，所以當時的東西都能夠留到現在。我們的原創商品，也是以希望能夠留到後世的心情在製作的。」

製作出不輸給20世紀的骨董品，然後邁向21世紀。好的東西才是理所當然的美好年代，似乎正要被喚醒。

3.

2.

POINT No.39
(ポイント ナンバー サーティナイン)

東京都目黒区下目黒 6-1-28／☎ 03-3716-0640／⏲ 12:00-20:00／星期三公休／JR 山手線等路線的目黑站徒步約 20 分／https://www.p39-clowns.com

POINT No.38
(ポイント ナンバー サーティエイト)

東京都目黒区下目黒 4-11-22／☎ 03-6452-4620／⏲ 12:00-20:00／星期三公休／JR 山手線等路線的目黑站徒步約 15 分

1. 「POINT No.38」的櫥窗仿如美國古老美好的時代。店裡的裝潢是由具有汽車引擎及家具維修經驗的店主親自包辦。／2. 電線的顏色及長度、燈座的材質及是否做舊化加工、電燈泡的形狀等等，都能自由選擇的原創裸燈泡電燈。原創商品燈具能夠活用電燈泡本身簡潔俐落的個性，同時也具備能夠融合骨董品或老東西的溫暖。／3. 杉村先生表示：「老爺爺的人偶、或者是具有玩心的面目可憎小雜貨，是我自己喜歡，所以一不小心就買進來了。」上方還擺著圓筒式唱盤。

SHIBUYA・MEGURO・SETAGAYA・SHINAGAWA

№ 11

MAP 5-C

【代官山 | DAIKANYAMA】

GYPSY ANTIQUES & BROWN ANTIQUES

有許多能用來搭配平常服裝的東西，大概日幣五千左右就能買到，令人非常開心。從這裡可以走到裡面的骨董店「BROWN ANTIQUES」。

玻璃製的首飾也充滿了手工切割的魅力。「GUPSY ANTIQUES」店主石川愛小姐表示：「店裡有許多鍍金屬和玻璃產品，都是在這些材質的品質非常優秀年代的產物。」

被寶石與家具包圍的小小空間

打開小小的白色公寓大門，宛如走進另外一個世界。被綻放著柔和光芒的珠寶光輝所吸引，走向店面深處，緊接著又出現了一個宛如貴族宅邸，沉穩且優雅的空間。這裡是經手骨董珠寶的「GPYSY ANTIQUES」和販售英國骨董家具及雜貨的「BROWN ANTIQUES」，兩間融洽相連的骨董店。首先迎接到訪者的，是沉穩色調的珠寶及首飾閃爍著光芒的「GPYSY ANTIQUES」。在偌大的玻璃櫃當中，閃耀著光芒的是19世紀初期到20世紀初期製作的英國或法國寶石類商品。由於那是個平民連結婚戒指都戴不起的貧窮時代，因此櫃子裡的都是上流社會的人們才能夠碰到的東西。就算是由小零件相連而成的設計，也都是手工製品，每個小零件會有些許的不同，放在一起之後，閃爍出的是現代珠寶不具備的有機光輝。

1.

兩個房間靜靜的傳遞出曾生存在工業革命時代的英國

一邊沉浸於19世紀珠寶當中，漫步向裡面的房間走去，轉眼間就來到「BROWN ANTIQUES」的英國紳士世界。牆壁上有動物的標本，櫟木製的壁掛展示架上，則有白鐵製的餐具莊嚴地鎮守著。

具備企劃設計經歷的店主山田和博先生由於發現了「美的東西已經存在這個世界上」，認為與其創作新的東西，不如將流傳至今的東西繼續傳承下去，因此打造了這樣一個空間。本店所挑選出來的家具，並非是那種一提到骨董，就會讓人腦中浮出印象的華麗風格——也就是維多利亞時代的東西，而是再前一個文明盛開的喬治亞式時期（1714～1830年）的英國物品為主。那線條直而俐落、設計優美的家具充滿知性之趣，使這空間整體令人聯想到英國紳褲侯爵居住的宅邸。

在這條聚集年輕人的街道上開骨董店，正是為了將這些東西交棒到下一代的手中。現在認為是好的東西，就應該將它們以好東西的身分流傳下去。兩間大異其趣的骨董店，以這樣的想法連結在一起。

3.

2.

BROWN ANTIQUES
(ブラウン アンティークス)

東京都渋谷区代官山町 19-10 加藤ビル 301／☎ 03-6884-2243／◷ 13:00-19:00／星期一公休為主，不定期休假／東急東横線代官山站徒步約 1 分／http://www.brownantiques.jp

GYPSY ANTIQUES
(ジプシー アンティークス)

東京都渋谷区代官山町 19-10 加藤ビル 301／☎ 03-6884-2243／◷ 13:00-19:00／星期一公休為主，不定期休假／東急東橫線代官山站徒步約 1 分／https://www.instagram.com/gypsyantiques/

1. 一踏進「BROWN ANTIQUES」，首先映入眼簾的是占據牆壁的壁掛櫥。轉身望向左手邊的立櫃，就會發現這裡有給紳士們使用的首飾。／**2.** 以骨董吊燈零件作為外型的「天使之燈」（日幣 16200 元）為本店原創商品。／**3.** 由窗邊眺望著代官山車站的光景，回神過來的時刻也令人感到喜悅。「BROWN ANTIQUES」的店主山田先生表示：「我也曾把這裡當成是自己家裡，晚上拿著酒杯度過一段悠閒時光。」

SHIBUYA・MEGURO・SETAGAYA・SHINAGAWA

№12

MAP 4-C

【下北澤 | SHIMOKITAZAWA】

nonsense

由於平民無法使用銀餐具，因此改為使用添加銅的合金做成餐具，店裡有推廣此做法的丹麥金屬工藝設計師 Just Andersen 的商品等。

日本植物學之父，牧野富太郎所校訂的『普通植物圖鑑』。和一旁陳列的歐洲植物圖鑑翻閱比較，能夠看見兩國植栽的相異、以及筆觸的不同，非常有趣。

聚集多國技藝 妝點日常生活

穿過熙來攘往的年輕人，在街道逐漸變得有些寂靜之時，靜靜出現在眼前的便是這間店。據說店主益子夫婦喜歡上骨董的起點，是因為去逛了在神社辦的骨董市集。但他們選擇走上的道路並非和風物品骨董店，而是讓這裡成為跨越國界，收集歐洲物品及日本工具的空間。他們表示：「希望自己的生活當中能有這樣的東西。舉例來說，就是把一間獨棟房屋像個盒子一樣翻過來的話，裡面倒出來的東西這裡都有。家裡放了這個挺有趣的吧、說不定能用呢，都是一些說不定會讓人有這樣想法的東西。」

該店選擇的東西並非收藏用，而是把重心放在能夠加入生活當中的東西上。「與其進那些光是用來看、不會動的機械，我還是會盡量準備那些實際生活上能夠使用的、可以融合進日常生活當中的東西，提供給客人。比如像是用來做菸捲的歐洲木製模型，有很多這類在現代生活中，無法以其原先用途使用的東西，如果細節夠精細，也能夠拿來改作為其他用途。」

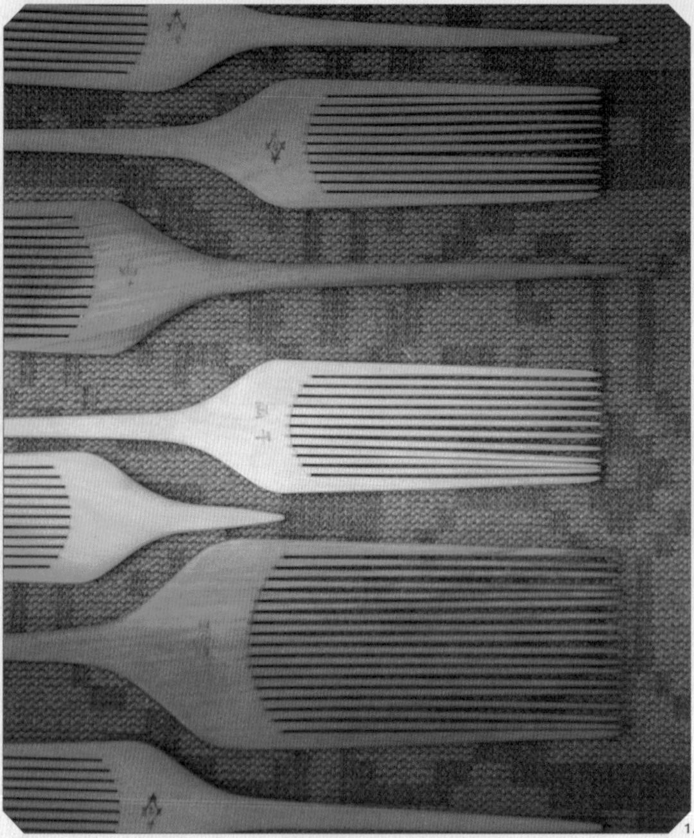

1.

「時光荏苒，和風也能變為西洋樣貌，希望大家能夠欣賞其變化」

除了北歐各國、德國、奧地利的東西以外，也有在日本進貨的東西，種類繁多，也就此誕生了本店的商品個性。店家非常留心要將日本季節帶入店中，比如在那大量陳列的歐洲餐具當中，於花朵開始綻放的早春，將型染製的女兒節人偶掛在牆上。據說有顧客認為這裡是以北歐雜貨為主的店家，還曾問過「一陣子沒來，已經變成和風商店了嗎？」

無論何時，本店一貫的關鍵字，就是「日常生活當中增添的一品」。結果就是店裡不管是想要偏向歐洲風格、或者偏日本風格，都能夠隨心所欲。想著這應該是北歐的馬克杯吧，拿起來一看底下的商標，卻發現是日本的東西；或者覺得這應該是日本的花瓶吧，沒想到卻是德國的。這裡聚集了許多國家的東西，這種各自特徵交錯同在的風格，與其稱為無國籍，不如說是將地球整體作為一整個領域來看待。在陳列了各式各樣國家商品的店裡，就連這個國家就是這種設計的固有觀念，也逐漸被解放了。

絲毫不執著於是否有名氣，只以其簡潔、是否喜愛來決定一切。請憑靠自己的直覺來上一堂凝視物品的課程吧。

3.

2.

5.

4.

nonsense

（ナンセンス）

東京都世田谷区代澤 5-6-16／☎03-3418-0530／🕒13:00-20:00／星期二不定期休假、星期三公休（若為國定假日則有營業）／🚉小田急本線、京王井之頭線下北澤站徒步約 10 分／ http://non-sense.jp

1．這是被稱為鬢出的黃楊木梳子，是綁頭髮專用的。其線條之美令人屏息。／2．下層桌面的桌巾原本以為是北歐的東西，結果是受了芬蘭 ARABIA 公司影響的日本人設計師，榮木正敏先生的作品。／3．柬埔寨的編織物以及幾和學圖樣的絨毯等等，布料的國籍更加多樣化。／4．淺藍色的拉門，隔開了充滿木頭溫暖的店面，俐落的畫出與街道的界線。／5．製作菸捲時使用的德國木製模型。據說愛好家挺多的。益子先生表示：「也可以把明信片立在溝中展示。整塊木頭的感覺非常棒。

№ 13

MAP 5-C

【三軒茶屋 | SANGEN-JAYA】

THE GLOBE ANTIQUES

2F 陳列著鑲嵌圖樣的家具等等，具有高度裝飾性的華麗家具。骨董燈大約是日幣三萬元左右，骨董風格的新商品也有日幣四千圓上下就能買到的東西，商品種類十分繁多。

像 B1F 的零件賣場這樣，可以一邊比較骨董商品和骨董風格的新商品來選擇，也是本店一大魅力。這也是為了因應客人的需求，讓大家能夠在許多房間裡放一樣的東西。

宛如沉浸於被招待至上流階級宅邸的心情

「舉例來說，就像是英國骨董供應商的大倉庫吧。」在挑高的天花板下聳立著西洋書架的樓層中，女性工作人員是如此表現這間紅磚瓦建築的。在書本非常貴重的時代，據說大量藏書也是展現持有者權力的方式之一。在宛如貴族書齋的一樓咖啡廳中，有享受著下班歸途一時悠閒氣氛的人，正品嘗著英國家庭料理牧羊人派放鬆心情。

這間在街道上特別耀眼的店家，是個有三層樓加上別館的骨董家具及雜貨綜合商店。店裡就算花半天也幾乎逛不完，到處充滿著小至裝飾品、大至大型家具等，有各式各樣能夠讓人將原本生活中所有場景，都更換為骨董風格的多樣化物品。要說這個店面，寬廣的就像是日本人聽到「大宅邸」就會浮現的場景，可是一點也不誇張。所有樓層都有著舒適的空間、精細打造的內容閃爍出的光輝，讓這裡宛如是一個名為骨董商店的主題樂園。

1.

2.

不同樓層有著相異面貌 往來於骨董的多樣化世界

本店的獨特之處，在於其內部構造，只要上下樓梯就會踩進完全不同的世界。首先迎接來訪者的，是有著較樸素風格吊燈俯瞰的書齋格調房間。此樓層同時設有咖啡廳。離開如此震懾人心的豪壯氣魄的空間，再往地下走，則是以金屬及皮革為基礎、擺放沉重大型家具及建材零件等的地下樓層。宛如企業家書齋裡會放的鈕扣背沙發、或者桃花心木製的家具等，給人知性又沉穩印象的物品們，安穩的存放在此。上了二樓，卻又一腳踏進華麗的世界。以獸足椅腳為人所熟知的維多利亞時代風格的櫥櫃、鬱金香花型的掛燈等等，競相閃爍著光芒。

接下來到隔壁的別館看看。本館的風格是20世紀初期的英國及比利時，到了別館則搖身一變，成為優雅又輕快、法國的shabby chic世界。另外，針對每個樓層不同的世界觀，架子上擺著小東西風格也會隨之而異，非常細心。在有些晚起床的假日，到店裡的咖啡廳享受早午餐，花上許多時間在這宛如迷宮般的店裡逛逛，累了的話再回到骨董咖啡廳裡休息。要不要試著如此優雅地度過一整天呢。

4.

3.

6.

5.

THE GLOBE ANTIQUES

（ザ・グローブ アンティークス）

東京都世田谷区池尻 2-7-8 ／☎ 03-5430-3662 ／◷ 11:00-19:30（咖啡廳最後點菜時間：19:00）／無公休日／🚇／東急田園都市線三軒茶屋站、池尻大橋站徒步約 10 分／ http://www.globe-antiques.com

1. 1F 的咖啡廳餐飲菜單也非常豐富。有著艷麗裝飾的蛋糕、搭配咖啡，還能嘗到店家自釀的手工啤酒。／ **2.** 別館主要是褪色懷舊風格，給人感覺有些飄渺的 shabby chic 樣式。／ **3.** 2F 有吊臂上鑲了玻璃的瑪麗亞．特蕾莎樣式吊燈和玻璃杯等，也有水晶製品。／ **4.** 穿越宛如迷宮般的 B1F 家具樓層的隧道，便能看見使用骨董瓶罐製成的神秘人偶。／ **5.** 陳列在別館的許多櫥櫃，都有著各自的世界觀。／ **6.** 別館也有一些鄉村風格的物品。

SHIBUYA・MEGURO・SETAGAYA・SHINAGAWA

№14

MAP 5-C

【西小山 | NISHIKOYAMA】

PINE GRAIN

就像這張桌子，樹節非常堅硬又顯眼，正是松木的特徵之一。有些部分以新品來說可能算是扣分，但只要加以保養、長時間使用，便會出現那歷經歲月之後的嶄新魅力。

店裡的家具大多是 1920～30 年代的英國東西。以 1F 放置的門板、建材或者園藝用品為始，另外還有金屬零件、廚房用品、櫥櫃等，總共有三個樓層。

宛如家族成員般
長時間受人疼愛的家具

北美及歐洲等地經常使用松木材料，這是屬於松科的建材。店主古川志津子小姐表示，松木的魅力就在於使用時不需要緊張兮兮的。古川小姐會開這間松木材家具的店，契機是以前工作的骨董店。據說以前工作的店家，就是以經手松木材料的家具為主，就算每天接觸，也不會覺得厭倦。「家具雖然有各種流行風格，但當中我想還是會有那種，始終都覺得喜歡的材料。」對於天然而明亮的木製家具感到熟悉的現代人來說，松木材料在骨董家具當中，也算是不會覺得有哪裡不對勁、很容易就能接受的材料。「有很多人就算年輕的時候，喜歡顏色較濃艷的家具，也會因為對於沉重氣氛感到疲憊，轉而使用給人柔和印象的松木家具。」松木材料原本就不是多昂貴的東西，其平價也給予人親切感，因此經常會被塗上油漆、掩蓋木紋來使用。而到了現代，則是多半不再加以塗裝，而維持原先木質狀態，讓人能欣賞其獨特風格。

讓名為家的日常風景更加閃閃發光的小幫手

1.

2.

古川小姐比任何人都更能感受松木材的魅力。正因為是要將能夠一輩子珍愛的家具交給顧客，因此她認為有特別必須重視的事情。

「若是有尺寸等條件不合的問題，那就一定要告知對方。我也曾經阻止過不是很肯定能不能放，卻因為喜歡而打算買下的顧客。如果發生了尺寸不合、或者買了卻無法使用的事情，那肯定會因此而對骨董整體產生不好的印象吧。為了讓客人能夠體會使用後的喜悅，我非常重視要好好聆聽對方話語一事。」

環顧店內，非常能夠明白，肯定有顧客實在忍不住心中雀躍，馬上就想買下的那種心情。本店商品中心的那些1920～1930年代骨董門板，有溫和色調的玫瑰彩繪玻璃鑲嵌於上；還有只靠切割玻璃就打造出圖案的東西等等，都是一些同時具備親切感及纖細美的物品。古川小姐表示，門板是一間屋子的臉龐，一定要放真正喜歡的東西才行。家具在使用的時候，能夠逐漸變成家族成員。它們不僅僅是物品，更因為有將它流傳下來的人的存在，而人才是生活中具備美麗家具時，最不可或缺的。

4.

3.

6.

5.

PINE GRAIN

(パイン グレイン)

東京都品川区荏原 5-11-17／☎ 03-6426-1634／11:00-19:00／星期三公休／東急目黑線小山站徒步約 10 分／http://www.pinegrain.jp

1. 雖然以家具為主軸，但這些雜貨也非常充足，是為了讓人能對骨董更有親切感。／2. 剝落的塗裝之間窺見的樣子也非常美麗，這是法國製的窗框。／3. 2F 陳列著琺瑯材質的廚房用品。／4. 店家在骨董門當中，挑選出具有優雅氣氛的東西。／5. 不同國家的瓦斯管規格會差異很大，但是據說水龍頭就有很多符合英國規格的物品。看著不禁就想為自己索然無味的廚房添上這點光輝。／6. 骨董玻璃瓶也種類繁多。據說棕色的小瓶子，當時是放著毒藥！拿來當花瓶也有種怪異的美感。

№15

MAP 5-C

【代代木公園 | YOYOGI-KOEN】

TIN'S COLLECTION

店裡陳列著許多五彩繽紛的馬口鐵罐，原先是用來盛裝皮革產品用的保養油、英國人的國民點心太妃糖、唱盤針等。有許多只需要日幣兩千元左右便能輕鬆買到手的東西。

宛如英國街頭櫥窗般的可愛店面。在這古老商店、受歡迎的麵包店及餐飲店聚集的惹人憐愛角落，有許多年輕人和外國客人會前往來訪。

馬口鐵罐收集者
深受吸引的英國設計

「這是以前在英國一個叫做『Terry』的零食店裡的陳列櫃。店家目前只留下它的外觀，變成了一間服飾店。以前英國就算是很小的城鎮，也有許多巧克力工廠呢。現在雖然大多都消失了，但那些製造商的雜貨，我們店裡可是有很多。」

店裡就宛如馬口鐵罐收藏家店主江川博先生的收藏盒一樣。原先在商店裡使用的點心或威士忌陳列架以外，還有在酒家裡用來當成酒類廣告的裝潢鏡面、以及店長龐大收集品的一部分，也就是那些色彩鮮豔的馬口鐵罐，全都感情很好地擠在一起。點心零食製造商『麥維他』或者『吉百利』等現在也仍非常知名的廠商商品的歷史，五彩繽紛地留在這店裡，讓這裡看起來宛如裝飾風藝術時代的倫敦食品材料行。「這個罐子是100年前的東西。這種鮮豔色彩，在現代膠印中會劣化，當年是使用目前已經無法使用的重金屬顏料，因此能夠保存地相當漂亮。」

1.

2.

自由、成長與美麗共生
大量消費時代的黎明光輝

店長同時身為平面設計師，極為稱讚當時的英國馬口鐵罐，認為「拿來當做創意源頭實在很棒。這是在塑膠產品增加、設計變得比較流行風格之前的時代，我收集的是大約1920～1940年左右的東西。像麥維他早期製作的『青鳥』那個罐子，能夠把頭啵地一聲拿下來，設計上非常有趣，我很喜歡。」外型表現出公車的餅乾罐，也非常別出心裁。上面還畫著日本稱為新時代女性的那種，剪著鮑柏頭髮型的女性，描繪出當時的風景。文字和圖案相輔相成，當時設計的存在感真的非常強烈。據說有各式各樣的相關人士，受到這種古典設計的吸引，為了尋求能放在店面裡展示的東西，而造訪此地。

為了在與敵對公司的競爭中脫穎而出，因此做出吸引人目光的設計，手繪的商標躍動於眼前的包裝，只存在於大量生產及工匠製作共存的時代。這裡有能拿去放在店面展示的大型罐子，以及小到用來放樣品的盒子，每樣似乎都表現出消費的純粹喜悅。只短短綻放了20、30年左右的設計魅力，現在也絲毫不褪色。

4.

3.

6.

5.

TIN'S COLLECTION

(ティンズ コレクション)

東京都渋谷区富ヶ谷 1-6-4 T.T 代々木 102／☎ 03-3485-1639／◷ 12:00-19:00／星期三公休／東京地下鐵千代田線代代木公園站、小田急小田急線代代木八幡站徒步約 2 分／http://www.tins-col.com/

1. 以「FRY'S」為始，許多現在已經消失的點心零食製造商的雜貨，讓人馳騁於歷史當中。／ 2. 宛如珠寶裝飾品一般豪華的收銀機。在一旁閃閃發光的是做為煤氣燈使用的燈具等等，這類玻璃產品也非常繁多。／ 3. 米其林的模型也是非常受歡迎的品項。／ 4. 在真正的郵筒上，有英國製造商「Vulcan」的兒童用裁縫機。／ 5. 非常貴重的麥維他公車型餅乾罐。被收藏在秤重販賣用的展示玻璃櫃當中。／ 6. 給國高中生的文學書。書封及書背的設計都美得宛如一幅畫。

SHIBUYA・MEGURO・SETAGAYA・SHINAGAWA

№ 16

MAP 5-C

【惠比壽 | EBISU】

GENIO ANTICA

這裡有讓人腦中浮現英國紳士樣貌的獵帽和領帶等物品，也能窺見迪士尼的古老樂譜等美國的東西。

妝點英國家庭的無名卻絕佳的作品們

如同標語上的「10000 JUMBLES（一萬個雜物）」所說，店裡塞滿了雜貨，可以讓人足足看上一整天。而佔了大約九成的，是英國似乎所有家庭裡都有的「無名卻絕佳」的作品們。提到英國，就會讓人想到優雅的骨董家具，不過這間店裡頭擺的，卻都是1950～1970年代的食品包裝及玻璃餐具、玩具和相機等等，非常貼近生活的東西。

「以前我非常喜歡伯蒙德那邊市場裡的商店。店裡的東西多到好像馬上就會發生雪崩那樣。」店主南雲非常思念的那間商店，正是這間店的原型。

現在這裡已經成為附近有非常多骨董商店的地區，不過這間店在1985年開張的時候，惠比壽還沒有開發。店裡依舊和開店當時一樣，擁擠地擺著從英國的二手市集或救國團的義賣會上、倫敦或愛爾蘭、鄉下的骨董市集等處收集來的商品。

塞滿日本人欽羨的寶盒當中那令人懷念的感覺

1.

2.

殘留著昔日香氣的香水瓶、獵帽和老文具。這些都不是只有貴族或上流階級社會才能碰到的東西，陳列的盡是些英國不管哪個家庭裡，似乎都會有的普通東西。但定睛一瞧，才會發現有許多東西都有刻印。像這類有著認證標章或玻璃杯上有商標印記的東西，有許多製作年份都非常明確，當中尤以伊莉莎白二世登基的1953年的東西，特別讓許多收藏家心癢難耐。

眺望著店裡的時候懷抱的心情，與其說是對於異國物品感到好奇，不如說就像是偷偷打開了日本鄉下母親或奶奶的抽屜時，那種令人懷念的感覺。花紋樸素的杯盤組、閃著有些霧濛金色的首飾，就算說是日本的東西，似乎也很容易就相信。店主南雲說：「去日本的骨董市場逛，經常都會看見英國的東西呢。」而且相對的，聽說在日本的骨董市集上，也很容易看到日本以前的工具。這些都令人深刻感受到，以往對於英國製造物品的那種欽羨，已經深入了過往的日本風景，同時現在也仍然緊抓著日本人的心。

4.

3.

6.

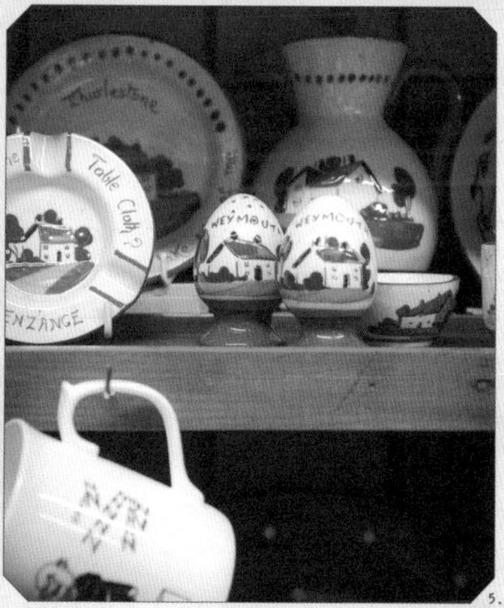
5.

GENIO ANTICA

(ジェニオ アンティカ)

🏠東京都渋谷区恵比寿西 2-6-10／☎03-3496-3317／🕒12:00-18:30／星期日公休（有不定期休假）／🚉JR 山手線、東京地下鐵日比谷線惠比壽站徒步約 6 分／http://www.genioantica.com

1. 泰迪熊旁邊放著像是娃娃屋的迷你模型，也是店家特別重視的範疇之一。／**2.** 英國家庭中非常熟悉的高湯塊「OXO」產品等，這類廚房相關的品項也非常繁多。／**3.** 各國墨水瓶當中毫不突兀的混進了日本的產品。／**4.** 還留有醫療相關人物手寫文字的老舊手帳本。搭配的是還留著金色商標，轉出式的自動鉛筆。／**5.** 英國西南方的德文郡等地於 1930～60 年代非常盛行的伴手禮。／**6.** 在數不清的品項當中，徽章及粉盒的光輝特別引人注目。

SHOP DATA
東京都世田谷区代澤5-31-8／☎ 03-6805-2638／🕒 12:00-20:00（星期五、六12:00- 22:00）／無公休（可能臨時休息）／小田急本線、京王井之頭線下北澤站徒步約5分

澀谷、目黑、世田谷、品川地區、下北澤

好奇心の森 DARWIN ROOM

（こうきしんのもり　だーうぃんるーむ）

值得繞路前往的
咖啡廳
№ 03

MAP 4-C

1.

回溯與自然一路走來的人類歷史

將古老東西拿在手上，浮現的疑問是「人類與物品共同經歷過了什麼樣的歷史呢？」以提倡演化論的英國學者查爾斯．達爾文為名的這間店，塞滿了可解開這個謎題的線索。店裡一字排開的是自然科學及文化人類學的書本及圖鑑，當中還有簡單描寫生物生態的繪本。宛如寶石閃閃發光的昆蟲以及礦物、化石、植物的標本以外，還有似乎就要動起來的動物標本，也佇立於此。這個空間提供的服務，是能夠碰觸「真品」，讓人能夠在腦中浮現出生物的生態及其棲息地，並想著牠們的美麗姿態。該店同時有個概念，就是「支持思考之人」。在2F實驗室會召集研究者舉辦活動。邊思考著與自然一路走來，發展出文化的人類歷史，邊端起的那杯咖啡，想必能為你推開好奇心的大門吧。

2.

3.

1. 巴布亞紐幾內亞咖啡，使用銀座老店『café paulista』的豆子，日幣486元。烘烤類點心也非常美味。／2. 店前藍花西番蓮及奶油果的樹木茂密。也經常舉辦與研究者間交流、加深知識的活動。／3. 概念是『教養之重生』。這裡也有販賣書籍、標本及研究工具。

SMALL ANTIQUES & COFFEE SHOPS IN TOKYO

AREA 3

SHITAMACH MARUNOUCHI

ASAKUSA · KURAMAE · OSHIAGE · NEZU · SENDAGI · MACHIYA · HATCHOBORI · KAYABACHO

下町、丸之內

淺草、藏前、押上、根津、千駄木、町屋、八丁堀、茅場町

SHITAMACHI・MARUNOUCHI

№17

MAP 6-B

【淺草 | ASAKUSA】

東京蛍堂

玻璃上頭有著金色文字的門板，是從前三味線店家使用的東西。這裡也經手大正、昭和初期的服裝及雜貨、有著古典氛圍的 1980 年代物品、及江戶時代的小酒杯。

充份品嘗 新時代女性感

幾盞亮起的燈，照耀著店裡貼出來的日活電影海報。在流出昭和大眾音樂或阿根廷探戈音樂、半埋在地下的小房間裡，飄盪著帶有涼意的空氣……這裡簡直就像是江戶川亂步的小說世界。「戰後，美國的東西非常受歡迎，那個時代，日本的東西都被塞到角落去。但我們喜歡的是另一個，將日本古老好東西非常均衡地良好保存的時代。」店主稻本淳一郎及陽子夫婦穿著和服現身，店裡搖身一變成為新時代的世界！這棟建築物在大正時期，是用來作為大眾食堂宿舍，店裡宛如迷宮，而商品也都是具備成為當中歷史成員的東西。有看見真空管收音機會覺得令人懷念的顧客，也有看著古典氛圍1980年代雜貨認為有全新魅力的20歲年輕人。有人是要買給女朋友的禮物，也有來買和服的荷蘭古董商等等，各種背景不同的顧客都沉浸在這間店的氛圍當中。

1.

2.

將大正、昭和時代傳遞至今的文化發訊地

「曾經有西班牙的客人說過，要不要把帶留（譯註：和服繩子上裝飾的小零件）做成項圈呢？如果客人能感受到費工作出這些東西的思緒，並且自由使用的話，那就太好了。」

大正浪漫及昭和復古的世界，兩者都是回顧時令人感到懷念，似乎就會將那些放在箱子當中珍惜地保管著，但本店卻認為，在平常的生活中使用，才是最愛惜東西的方法。用電燈泡取代蠟燭來改造行燈，還為了重現過往燈具那種特殊的色調，而將電燈塗上顏色，這也是方法之一。和服也不光是放在那裡賣，正因為店主自己也是每天穿和服，所以更能傳達出週遭這些實用物品的魅力。

「年輕人對於昭和40年代（譯註：1965年前後）出生的我會使用的東西，也會覺得非常新鮮；母親也會覺得祖母時代的東西看起來非常棒。無論是在哪個時代，都能夠感受到前一個時代的魅力，這種情況會不斷重複。如果能夠因為這樣，而對於更早以前的時代提起興趣的話，那就太好了。大家對於仔細製作的東西所花的心思及心情，能將它傳給下一個人，不斷連繫下去。」

4.

3.

6.

5.

東京蛍堂

(とうきょうほたるどう)

🏠東京都台東区淺草 1-41-8／☎ 03-3845-7563／🕒 11:00-20:00／星期一、二公休（國定假日則營業）／🚇東京地下鐵銀座線等路線的淺草站徒步約 8 分／http://tokyohotarudo.com

1. 大正～昭和初期的和服。特徵是艷麗的顏色、摩登花樣及優雅的長袖。／2. 做工非常細緻的美麗帶留。／3. 古老藥品的看板濛濛然地被燈光照射出來。／4. 使用了香菸行雜物的空間，當中有「カフヱー」（譯註：咖啡的日文古字）的文字。在每個月第二個星期天晚上，會有穿著古典服裝的交流會，店家也會泡茶招待客人。／5. 裝飾在入口的新藝術運動風格看板及燈光，讓人不禁屏息讚嘆。／6. 在電冰箱還不普及的時代，為了保存食物，會使用這種半地下的空間。店家也會在這裡舉辦活辯（譯註：為無聲電影進行解說）表演或者魔術。

SHITAMACHI・MARUNOUCHI

№18

MAP 6-B

【千駄木 | SENDAGI】

Yanaka Red House Button Gallery

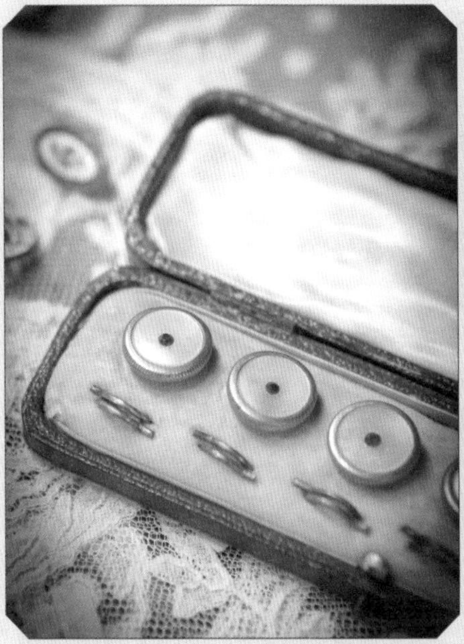

攜帶用的鈕扣，除了可在旅行地等處改變打扮，必要之時還具備可以拿去換錢的寶石功能。相反的，當時似乎有時也會將線穿過真正的貨幣，縫在衣服上。

19 世紀～ 20 世紀的骨董鈕扣，能夠實際觸摸之後再購買。盒子裡展示的鈕扣都是更加古老的東西，為 18 世紀工業革命的產品。

填滿貴族歷史 名為鈕扣的寶石

「在19世紀的歐洲，鈕扣和貨幣具有同樣的價值。鈕扣就像寶石一樣貴重，也能用來交換金錢。相對的，也有一些是做來當作美術品觀賞的。」店長Kumi Dreves從孩提時代就喜歡骨董，也曾經做過挖掘考古的工作。這裡是他收集英國及法國等地骨董鈕扣的個人博物館，也可以一邊聆聽解說、或者購買骨董鈕扣，在日本是非常罕見型態的鈕扣專門店。「放在拿破崙即位紀念鈕扣下面的，是法國革命時期的東西。雖然外表看起來很可愛，但是農夫拿著槍或軍刀作戰的歷史背景，就濃縮在這小小鈕扣的圖紋上。」不僅僅是作為服飾品的實用性，鈕扣同時也象徵了地位及品味。在這我們平常根本不會多看幾眼的小東西上，有著這樣的歷史。

1.

2.

愛著世界最小的繪畫而心焦 讓思緒馳騁在遙遠的歷史中

店長指著大大的白色貝殼鈕扣說：「這裡寫的是『我已經得到她了』的法文。在貴族社會當中，宴會上會有類似相親的活動，因此男性將這種藏有愛的宣言的鈕扣縫在身上，讓其他的男性不得再對身邊的女性出手。但非常多情的法國男性，也許根本不會在意這種鈕扣上的訊息呢。」歷經那華美的時代之後，全世界進入了工業革命。模仿象牙製成的賽璐璐鈕扣；宛如鑽石般閃耀光芒的切割鐵塊等等物品出現在市面上，鈕扣也逐漸變成平民能夠使用的東西。鈕扣這種東西，除了美麗以外，當中的文化及歷史更引人入勝，不禁令人心醉於它深奧的世界。

「這塊睫毛蕾絲並不是為了作為裝飾品而編織的，愛爾蘭的女性是將蕾絲賣掉之後，拿來填補軍資。」雖然大家會覺得手工藝＝女性興趣，但那材料本身，卻蘊藏著一個真實，就是它是歷經各種時代的產物。除了能夠引起對手工藝工作有興趣的人注意以外，那能夠強烈震撼喜愛歷史之心的故事，也蘊藏在這寶石般的光輝當中。

4.

3.

6.

5.

Yanaka Red House Button Gallery

(ヤナカレッドハウスボタンギャラリー)

🏠東京都台東区谷中3-1-15／☎03-5842-1403／🕒11:30-18:00 ※最後入館時間17:30／星期日、星期一及二、國定假日公休（會臨時休息）／🚇東京地下鐵千代田線千駄木站徒步約5分／http://www.yanaka-redhouse.jp

1. 光線穿過彩繪玻璃，宛如樹蔭下光芒般柔和照進店裡。／**2.** 威廉·莫里斯是推廣美術工藝運動的藝術家，此店面為模仿他自家兼工房的建築。／**3.** 維多利亞女王在阿爾伯特親王過世時，配戴在身上的寶石材料是「煤精」，這是以玻璃來模仿製成的東西。／**4.** 標示著拿破崙即位與法國革命年分的鈕扣。／**5.** 被英國上流階級的子女稱為「刺繡樣本」的作品。上面以刺繡描繪著聖經的一小節、及刺繡者自己所學知識。／**6.** 即使是需要洗滌的現代衣物，如果和別針結合，也能夠輕鬆將骨董鈕扣穿戴在身上。

SHITAMACHI・MARUNOUCHI

№19

MAP 6-B

【町屋 | MACHIYA】

anima garage

在當地連綿工廠的一角，這是電力工程及調配事業的工房兼辦公室店鋪。目前重新整理了三樓的空間，作為展示間及餐飲畫廊。

在店裡幽靜綻放的銀蓮花。「看見這個花，腦中浮現的是春天的洋裝。如果自己是女性的話，真想穿看看這種衣服。我總是這樣讓自己的想像力奔馳。」

與時間共同綻放 名為骨董的花朵

「今天收到有人訂花束的訂單，附註是『給溫柔而強悍的女性』。」在大大敞開的窗戶深處，那交疊的色彩，是大紅色給人有著華美又力道強悍感的大麗菊，搭配的是用來平衡色調的毛莨及銀蓮花。不禁詢問店主，怎會擺著各式各樣的花朵，讓人幾乎都要忘了這裡是間骨董店。

「孩提時代，有一次剛好照明工具壞了，就試著把覺得帥氣的東西裝上去。對於那時候產生的光影印象非常深刻。之後就覺得，希望在那燈下有個古老的桌子、後來又覺得想放某種椅子，興趣就越來越廣。」店主福嶋慶太先生的本業，據說是由祖父起代代相傳的電力工程。在幼年時分就對燈具及裝潢產生興趣，加上又被顧客拜託協助展示方面的東西，因此現在也會經手空間調配的工作。從窗戶射進的光線，以及滿是歐洲骨董陰影的店裡，不管擷取哪個角落，都是美得有如一幅畫。

隨時間綻放
帶回一朵花與其記憶

1.

2.

店面中央偌大的桌上，有盛裝在骨董燒瓶中的花朵們。鮮花在8、9月容易受損，想必是用這乾燥花取代，為這在法國等地跳蚤市場找到的桌面妝點搭配吧。黃昏的日光與燈具的照明緩緩交替的時間，由花瓣洩下的光芒與骨董反射的光芒交錯，令人嘆息的美麗陰影散布在店內各處。

「會想在經手骨董的同時處理花朵，一開始的契機是附近的客人委託我說，他想放花。只要有人委託『希望製作成這種感覺』的花束時，我就會想著，要用什麼樣的花來製作呢？一旦開始思考，就越來越覺得非常有趣。我覺得花朵和古老的東西有相同的魅力。雖然花苞狀態也很好，但花朵最美麗的還是盛開的時候。骨董也是，隨著時光流逝而有其風味出現時是最美的。因此兩者對我來說是一樣的。」福嶋先生說，他喜歡質樸的東西，尤其是當中蘊涵女性纖細風格的物品。一朵花、美麗而逐漸腐朽的骨董餐具、這個空間中滿溢的光線。不管是帶哪一種東西回家，一定都能滿足心靈。

4.

3.

6.

5.

anima garage

（アニマ ガレージ）

東京都荒川区荒川7-34-2／☎ 03-3806-4665（僅營業日可接通）／星期五、六 11:00-19:00　星期日、國定假日 12:00-18:00／星期一～四公休（國定假日則有營業）／千代田線町屋站3號出口徒步約2分／https://www.facebook.com/animagarage/

1. 時時刻刻都在變化的光影十分美麗。福嶋先生說：「我在打造店面的時候，非常重視亮度。」希望大家能好好欣賞店裡的陰影。／2. 店裡五彩繽紛搖曳的花朵旁，靜靜陳列著骨董金屬產品。欣賞那生鏽的痕跡，可以感受到時間的流動。／3. 店主繼燈具骨董及花朵之後，踏進了食物的世界。目前也經手生機飲食。／4. 店裡非常通風。據說只要把花束吊掛起來，自然就能做出美麗的乾燥花束。／5. 在丹麥自治區克里斯蒂安尼亞找到的骨董天窗。／6. 刻花工藝無比細緻美麗的牛奶壺。

SHITAMACHI・MARUNOUCHI

№20

MAP 5-B

【根津 | NEZU】

ツバメブックス

美國的鐘錶品牌「WALTHAM」陳列架上放的相機，和店裡的東西比起來，都有著看起來比較眼熟的外貌。這些都是實際上還能操作使用的東西。

在 DAIMARU 的帽盒下放的是收藏者眾多的德國 Insel 文庫。本店以 1950 年代的圖鑑等書籍為主。楠先生表示：「這是只有印刷起源地德國才能做出的美麗顏色。」

宛如插畫家書房的雜貨店

「這跟是否賣得掉沒有關係，我就是會忍不住放自己喜歡的東西呢。因為有很多不想脫手的書，所以非賣品的展示架也很多。」店主楠先生忍不住笑著這麼說。楠先生身兼插畫家及人形作家，也常在店裡進行製作，因此店裡頭有許多設計相關的書籍、寫真集，以及人偶都擺放在一起。「如果和那個東西心意相通，那我就覺得你務必要買下。不過我不會積極的販賣。和喜歡書的人、或者攝影師們聊天非常愉快，就算不買東西，就只是聊聊天也很好。」能和店主非常舒適地度過1對1的時間，也許就是因為他這種態度吧。藍色與灰色漸層壁紙，令人聯想到東德，也正代表著這間店呈現的樣貌。店裡放的東西是以德國、匈牙利、捷克等舊共產圈的書籍和雜貨為主。除了相機以外，也有機械式手動錶等機具物品。這類宛如在昭和時期曾有人使用、有些隨性的東西，似乎意外的很能打動女性的心。

1.

2.

在誕生自由設計的共產圈國家旅行

在楠先生藏書延長線上的書，是與日本次文化等相關、內容有趣的東西。進貨的東西有許多是「看封面就買了」，尤其是捷克的繪本實在非常美麗、特別吸引人。「捷克的地下鐵車站和標示設計也非常棒。那個時代因為被社會主義壓抑，無法自由表現，因此要耗費非常多功夫，才能誕生品質很高的東西。」

裝飾在店裡的匈牙利海報，也還留著過去優秀設計的影子。「注意毒菇啦、請維持街道整潔啦，明明只是這種普通內容的海報，卻是如此美麗。」從店主的話裡，忍不住想像著一個雜貨、書籍和街道互相影響，打造出整體型態的國度。在店裡看著喜歡的人偶之國繪本、碰觸那些由寫真集中的美麗街道誕生的雜貨，也非常有趣。

由於店家在地點上非常接近校園，因此也有許多東大或東京藝大的學生前來造訪，似乎還有人在此認識後一起創作、開展覽呢。本店透過書與雜貨聚集人群，同時也是個誕生新事物的場所。

4.

3.

6.

5.

ツバメブックス

（つばめぶっくす）

🏠東京都文京区根津 1-21-6 ／☎ 080-3307-1958 或 03-3822-7480 （轉接ツバメブックス）／🕒 12:00-18:00 ／星期二、三公休（可能因展覽等有所變更）／🚉東京地下鐵千代田線根津站徒步約 7 分／ http://woollydolly.com

1. 手錶以日幣一萬元～十萬元左右的東西為主。有許多是每天都能使用、設計非常收斂的東西。／ 2. 在美化街道與留心毒菇的海報下方，陳列的是楠先生製作的羊毛氈人偶。／ 3. 雙眼相機代表作品「ROLLEIFLEX」等等，這個架子上陳列著外型較為獨特的相機。有許多連底片尺寸都不盡相同，聚集了各種收藏家喜愛的品項。／ 4. 機械性質的商品及有著圓潤感的雜貨和樂融融的樣子。／ 5. 昭和時代的架子上，可以窺見書本以及人偶的面孔。／ 6. 地理位置上，根津神社的鳥居就在眼前，非常吸引人。

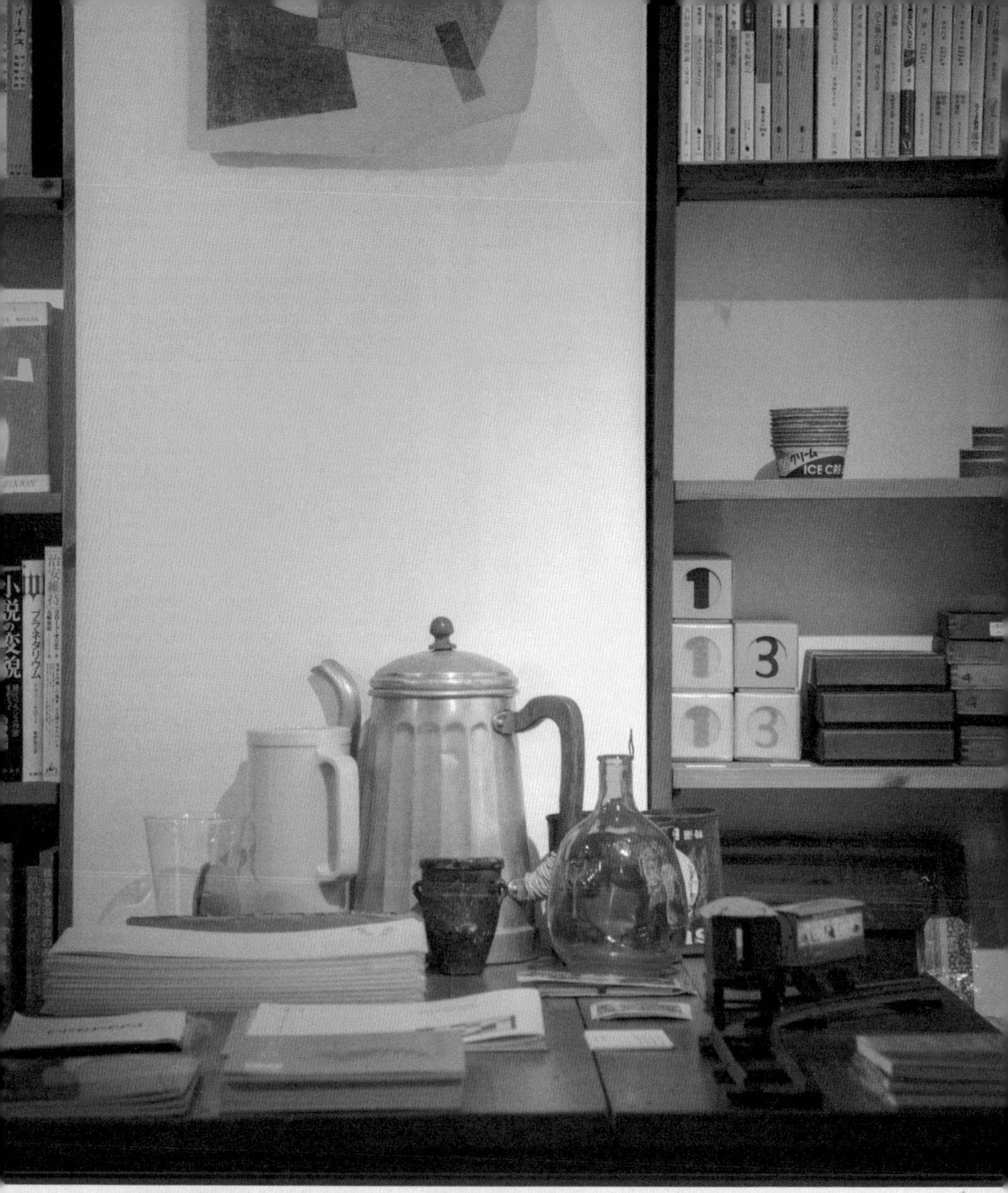

SHITAMACHI・MARUNOUCHI

№ 21

MAP 6-C

【八丁堀 | HATCHOBORI】

書肆 逆光

古物後方陳列的書籍，是以時代做大致上的簡單區分。希望大家能以拜訪小小博物館的心情，品味其不同分類的設計特徵。

石器等考古物品靜靜地躺在一邊。當中甚至還包含了繩文土器！就連這種古文物，都只要花幾萬日幣就能買到。絕對不是什麼伸手不可及的東西。

佇立在商業街上的古物與古書店家

八丁堀這個地方，經常出現在時代劇中。這一帶雖然以前也是以骨董街聞名，但到了現在21世紀，已經成為上班族們匆忙往來的商業街了。在這地區，卻有間商店，經手的物品不只可回溯到江戶時代，甚至還有舊石器時代的遺物。問了問鎮坐在中間的土器是什麼樣的物品，店主鈴木學先生一派輕鬆的說：「那是古墳時代（譯註：約為西元三百～六百年間）的東西。」心情高昂地往土器當中望進去，那粗糙的質感栩栩如生，瞬間有種不可思議的感覺，宛如古代人們就在身邊呼吸。在博物館裡總得隔著玻璃、或者教科書裡才能看到的古物，光是能親眼看著就覺得非常興奮，更令人驚訝的是，還能購買下來放在自己手邊！光是想像能夠和舊石器時代或繩文時代的出土文物一起生活，就感受到從未有過的興奮。古書則是以戰前～1970年代左右的書籍為主，收集的是設計和裝幀美麗的書籍。就和那些已歷經大約一萬年以上的東西擺在一起。

結合繩文時代的古物及昭和的古書
打造成一個完整空間

1.

在店裡，能夠好好與每一樣東西對峙，充滿了宛如在博物館內瀏覽的樂趣。有那種非常接近天然物品的石器；也有以昭和40年代的水果罐頭空罐相連的神秘創作物品。有著鮮豔色彩和傻呆表情的玩具猛然躍進眼裡，卻和棕色與黑色的世界毫不衝突的融合在一起。伸手拿取完全屬於這個風景一部份的古書，應該會對於其無可取代的重量感非常驚訝。戰前的書籍，可說是使用了非常具存在感的紙張，有著現代書籍不太能夠體會到的那種，書籍身為物品的力道，而這裡陳列了許多這樣的書籍。

就像這樣，和許多物品面對面，不知為何就會有影像接連湧上心頭，正是這間店不可思議的地方。鈴木先生自己也說「有很多東西，是放在店裡我才發現某些事情。」本店的概念是盛裝許多雜亂的東西，藉此打造出一個單一物品，想來是和店名由來，托馬斯・品欽的小說『逆光（原書名：Against the Day）』共通的吧。

由時代及國家皆異的東西編織成的這片調和，讓人發現自己原來還有這樣的可能性：會將書籍當成物品來愛惜、同時也能從物品當中讀取資訊。

3.

2.

書肆 逆光

（しょし ぎゃっこう）

🏠東京都中央区八丁堀 2-3-3 2 階／☎ 03-6280-3800 ／🕒 12:00-19:00 ／星期日公休／🚉東京地下鐵日比谷線、JR 京葉線八丁堀站徒步約 6 分／ http://gyakko.blogspot.jp

1. 在現代超市當中也非常眼熟的罐頭，這是由昭和初期就開始生產罐頭的SUNYO 公司水果罐頭製作成的物品。由曾歷經人手的物品，想像當時人們的生活作息也非常有趣。／ 2. 這裡陳列了許多關於詩、俳句和美術相關的書籍。由於使用分量極厚、很有重量感的紙張，因此能夠深刻體會到，什麼叫做不是用眼睛，而是以指尖來閱讀書籍。這是現代輕薄而又滑溜的紙張無法體會的感覺。／ 3. 據說這是法國修道士曾用過的湯盤、以及德國的古老器皿。鈴木先生說：「這類東西只要放一個在家裡，生活就會大幅改變。」

SHITAMACHI・MARUNOUCHI

№22

MAP 6-C

【茅場町 | KAYABACHO】

MAREBITO

看起來就像原創商品的東西，其實是真正的骨董，這種逆轉情況也非常有趣。窗外就是運河流過，光線射進窗內；當街道光線隨太陽西下時，只有些許燈光亮起。

放在靠手邊的是使用五合枡（譯註：日本的方形容器，五合大約可裝900ml左右）底板製成的文件夾。與非常不可思議的動物模型，一同沐浴在古老理科實驗用的檯燈改造成的燈具光線之下。

古老的東西衍生出嶄新的懷舊感

放在桌上的，是以五合枡做成的節拍器、還有結合古老暖爐零件做成的燈具。使用古老工具的零件，做成原創商品的骨董商店並不少，但以其獨特性而出類拔萃的，正是這間「MAREBITO」。

在金屬製的大黑天（譯註：日本七福神之一）擺飾、洗照片的機器等古老物品之間，藏著店長古村太先生創作的「全新古老工具」，全部都是有著宛如原先姿態般，傳達出自然的溫暖。

那一定是因為，店長有著「看到那種被非法丟棄在鄉下田裡的電風扇和電視機、壞掉的玩具之類的東西，我才醒悟到素材之美」這種對物品的愛吧。就算不知道要用來做什麼，讓人覺得只要放在那兒也好的古老工具們，具備著讓人想以「活在那兒」而不是「站在那兒」來表現的存在感佇立於此。光是看著就能知道，店主非常愛惜木材、馬口鐵、黃銅等等，每種材料都安排它們各自應擺放的位置。

1.

2.

木材或金屬塊所具備的質樸感
邀請來訪之人前往異世界

　店裡宛如經手抽象藝術的博物館，有日本軍人使用的皮製筆袋、工匠使用的金屬製直尺等等，也就是所謂專家的工具。還在工作時從不曾以「好可愛」的眼光看待的那些質樸工具，透過店主的濾鏡，眼裡都多了些許和藹的印象。真實的非常奇妙、卻又有些俗媚的黃銅小豬、有著笨拙呆滯造型鳥兒的模型等等，隨處可見，也許就是如此，才使實用品看來更加圓融。

　在還會使用電話交換機的時代，那記載著三碼電話號碼的盤面等等，這類東西能夠將日本逐漸成為製作物品的國家這個過程傳承到現今，也都令人印象深刻。店裡這類日本的古老工具也非常多，即使如此，卻是一片令人不知道是哪個國家、哪個時代的空間，真的非常不可思議。而在店面一角，有店主秘密小房間的工房。節拍器和燈具等原創商品，就是在這裡誕生的。前幾天才放在賣場裡的古老工具，卻看見它已經變身為嶄新的工具，前來造訪時，也可能會有這種樂趣呢。

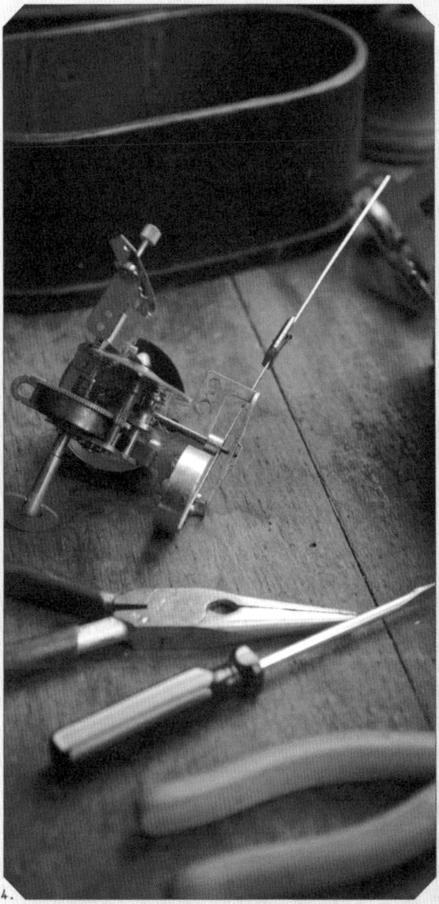
4.

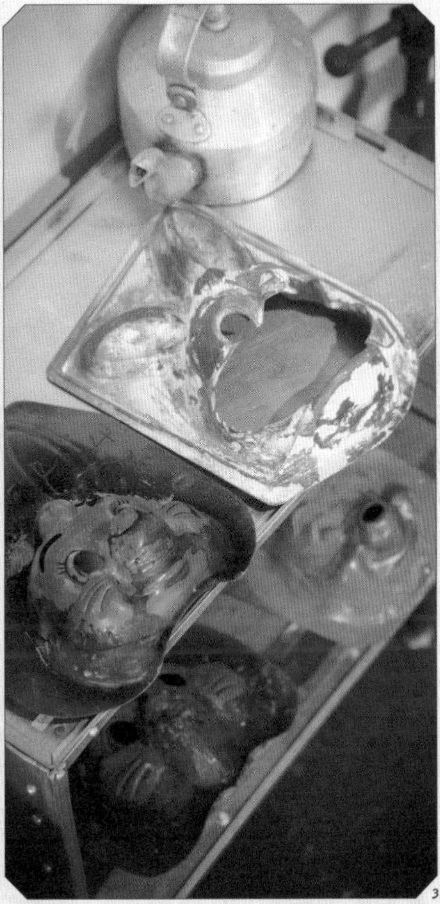
3.

MAREBITO
（マレビト）

東京都中央区新川 1-3-23 八重洲優和ビル 2F-B／☎03-3555-9898／13:00-19:00（星期六 13:00-18:00）／星期一、二公休（星期天可能前往骨董市場，不定期休息）／東京メトロ東京地下鐵東西線、日比谷線茅場町站徒步約 3 分／ http://mare-bito.com

1. 令人想讓眼睛來回瀏覽欣賞木材、皮料或者馬口鐵等金屬氛圍的展示區。有沖洗照片的工具等等，各種喜愛相機的人也會喜愛的東西潛藏在內。／**2.** 小豬和袋鼠、貓頭鷹及熊等動物模型也非常多，放在質樸的工具旁，為這裡的空氣帶來一份柔和感。／**3.** 以岡持（譯註：日本一種方型、用來提取物品的盒子）改造成的箱子裡，排列著幫日本玩具上色使用的模型。當時的外漆也還在，令人感受到其強而有力感。／**4.** 「MAREBITO 創作節拍器」的基底使用的是昭和末期那種，似曾在音樂教室裡看過的節拍器。外框則使用便當盒。

SHITAMACHI・MARUNOUCHI

№ 23

MAP 6-B

【淺草 | ASAKUSA】

緑園

質樸的餐具及可愛又有復古風格的布料之間，混進了不知為何有些傻氣的雜貨，泛出了一種溫暖的氣氛。光是看著就覺得心情輕鬆。

匈牙利的盤子和馬克杯。位於首都布達佩斯南方的考洛喬地區，以其房屋牆面會有著刺繡花紋的文化而聞名。據說波蘭也有一樣的習慣。

與五彩繽紛的雜貨 共同來趟東歐巡迴小旅行

在東京的東側，有個地區到處都是東歐和北歐物品的雜貨店。在淺草經營店面的「綠園」也是其中之一。以德國為首，這裡還陳列著店主前往捷克、斯洛伐克、匈牙利、波羅的海三小國、及至芬蘭時，旅途上買來的日用品。店裡放滿橘色、黃色、綠色及五彩繽紛顏色的餐具和人偶，這些1960～1980年代左右製造的復古物品，描繪出歐洲的地圖。東歐各國最近似乎都有些非常有趣的動向。店主大澤表示：「德國的年輕人啊，開始覺得東德時代的東西，給人非常懷舊的感覺。就好像日本那種昭和復古風一樣，採用過往設計的餐飲店也增加了。以前大家總是非常隨意地看待雜貨，還曾經有人跟我說『你想要那種東西喔？』但最近發現這些東西價值所在的國家開始增加，因此也越來越難找到好東西了。」由於舊蘇聯時代和戰後記憶都已成為過往，而現今，IKEA等全球化企業讓文化變得均一化，但過去的好東西，似乎也開始照射到新的光芒。

1.

2.

被「重新發現」的舊時代雜貨 歷經時光重新甦醒

店裡特別引人注目的，是宛如五彩繽紛書套般陳列著的東歐各國布料。有許多是德國的大型床包裁剪後剩下的布料，這間店在東京也是數一數二的商品齊全店家，由於店裡也經手鈕扣和刺繡緞帶等物品，因此小東西和手工藝品的作家，也有許多是這裡的老客人、經常來訪此處。

店裡有著給人優雅印象的物品、以及表情傻氣的東西混在一起，光是看著這些東西，就覺得東歐原先那種很難親近的印象，瞬間就消失、變得近在身邊。

另外，店主在巡迴各國的時候，也多少能夠窺見各國人民風情。

「匈牙利的業者，多半對於定價都非常強硬；德國人的產品真的做得非常結實，但也是都不會給我折扣。真的很多非常認真的人。」還請大家務必一邊聽著店主大澤的說明，一邊享受旅行東歐各國跳蚤市場的氣氛。

東歐和西歐相比，有一些是日本人不太熟悉、印象薄弱的國家，但店裡卻充滿了原色，一片柔和氣氛。像這類布料或茶杯等餐具的設計，應該能讓人感受到，這些東西與那日本年輕人文化開花時期，也就是昭和40年代左右時的設計，有某種共通的懷舊感吧。

4.

3.

緑園
(りょくえん)

東京都台東区淺草 6-41-9／☎ 090-9840-6441／⏰ 11:00-19:00／星期三、四公休／🚉東武晴空塔線、東京地下鐵銀座線淺草站徒步 13 分；都營淺草現淺草站徒步 18 分分／https://www.happiness-shopping.com

1. 宛如水果硬糖或寶石般閃閃發光，這是捷克的玻璃鈕扣。德國的布料和東歐各國相比，有著結實的手感，獲得非常高的評價。／**2.** 由咖啡杯盤組之間探出頭來的吉祥物熊「Misha」。這是莫斯科奧林匹克運動會的代表吉祥物，至今仍受到世界上許多人喜愛。／**3.** 除了餐具以外，也有許多用來盛裝調味料的瓶瓶罐罐。照片上的是荷蘭以及舊捷克斯洛伐克的物品。／**4.** 荷蘭的紙牌遊戲卡片。店裡也有很多這類令人想拿來送給孩子的東西。因為有非常多僅此一件的物品，也非常推薦給在尋找送禮時，不想和別人送相同東西的人。

SHITAMACHI・MARUNOUCHI

№ 24

MAP 6-B

【藏前 | KURAMAE】

NEWOLD STOCK

by オトギデザインズ

打開和風大門，迎面待客的是大人也能穿出去外面的鞋子「彩色室內鞋」（譯註：這是模仿日本人的室內鞋，最常見於中小學校園內）。森岡先生表示：「這是幾乎所有日本人都非常熟悉的室內鞋，希望大家能將懷念感穿在身上。」

古董馬口鐵罐，有著像是留言卡片般的色調。卡片是使用工匠之手創作的原始活版，使用店裡的活版印刷用印刷機，由他們兩人印刷。

工匠街道上 今昔交錯

建在隅田川沿岸一角的古老公寓。店面的玻璃門，是從前屋形船的船屋所使用的東西，一推開，就被各式各樣的色彩吸引了目光。才剛被古老馬口鐵罐吸引，馬上又看到有著相同令人懷念色彩的現代明信片，瞬間被奪去心神……。

這間店的店主，是由音樂領域躍身進入設計世界的森岡聰介先生、以及在目黑通上的裝潢店有工作經驗的藏野由紀子小姐。兩位以設計品牌「オトギデザインズ」活躍，而他們在米藏之街——藏前所成立的這間店，有著古老與嶄新的東西、不同國家的東西一起居住於此。會將古老工具和現代創作者的作品交互排列，是由於認為「希望大家也能以發掘骨董的心情，來欣賞現代的商品。」而象徵他們這個想法的，就是那有著剪紙圖案般插圖的活版印刷明信片。這是由下町的工匠製作出來的，蘊含著「希望能將紙張的手感傳達給下一個時代」的願望。

1.

希望將發掘新東西的喜悅與超越時間的骨董一同傳遞給其他人

本店經手1960～1970年代的荷蘭、法國及美國等地使用的復古風格生活雜貨，除了傳承過往顏色及形狀的物品以外，還有傳遞聲音的物品。店裡商品以當時美國及法國製作的東西為主，特別留心在玩具鋼琴方面，因此似乎會有許多尋求懷舊聲響的音樂人前來拜訪。藏野小姐說：「拿來展示小東西，也很可愛喔。」

店裡的架子上，充滿了許多與時代共同被遺忘的物品魅力。當中有美國「Collins Bag」上用來裝飾包包花紋、有著成熟色彩的裝飾珠寶；做工纖細、萬分美麗的賽璐璐首飾等等，有許多目前已經沒有人製作的材料物品。

「我們想打造出一個地方，不僅僅是賣東西或製作東西而已，而是能夠成為傳承物品背景故事的空間。」對於兩人來說，無論是全新創作出來的好東西，或者是穿越時光受人喜愛的東西，都在同一個地平線上閃耀。而擺滿了這類品項的店家，也許本身就像是一張大大的留言卡片，寫下訊息給愛惜好東西、並且逐漸創作出新東西的下一個世代。

3.

2.

NEWOLD STOCK
by オトギデザインズ
(ニューオールドストックバイ オトギデザインズ)

東京都台東区蔵前 2-15-6 寺輪ビル 3F ／ ☎ 03-5829-8160 ／ 12:00-18:00 ／ 都營大江戶線藏前站徒步約 1 分／星期一～四公休（只營業星期五、六、日）／ http://www.newold.tokyo

1. 特別竭力於收集玩具鋼琴，有小到能擺在桌上彈的、也有尺寸大到能讓小孩子站著彈的那種，種類非常繁多。大約日幣一萬元左右便能買到。／ 2. 在荷蘭、德國、比利時、法國等歐洲各國，經常能夠看見的花草圖樣骨董餐具。這與日本的唐草圖樣非常接近，令人倍感親切。／ 3. 賽璐璐材質的首飾。目前似乎已經無法製作出能夠重現如此細緻圖案的模具。畢竟是非常纖細的材料，能夠留下有如此美麗風情的物品，已是非常貴重。手鐲在日幣兩萬元上下。

SHOP DATA
東京都墨田区向島 2-9-9／☎ 03-3622-8247／🕒 11:00-21:00／星期一公休／東武晴空塔線晴空塔站、東京地下鐵半藏門線押上站等徒步約15分

下町、丸之內區域、押上

カド

（かど）

值得繞路前往的
咖啡廳
№ 04
MAP 6-B

1.

在維多利亞風格的店裡，飲下一杯滋潤花街柳巷往來人們的果汁

黑色天花板上描繪著薔薇、橫樑上頭有天使在飛舞，交織出一片厚重華美的裝飾，還是先在角落坐下吧。忍不住嘆了口氣出聲，舉起「活性新鮮果汁」飲下，才發現命名真是貼切到令人深感意外，那清爽又水潤的香氣在嘴裡散了開來。「這在以往，對料亭的客人來說，是像強身飲料一樣的東西呢。」接下了第一代，也就是父親之位而成為店主的，正是這位宮地隆治先生。這裡在昭和33年開店的時候，由於地點位在客人和東京有名的花街柳巷——向島的藝者們約見面的地方，因此非常繁榮。而老顧客們當成滋補飲料、喜愛飲用的，就是這個果汁。第一代店長身為料亭會計也非常有手腕，由於某些緣分而與志賀直哉的弟弟志賀直三有所往來，因此委託他設計店面。在這裡可以盡情欣賞英國的肖像畫、與大正時代的電風扇等骨董物品，妝點出整個空間。

2.

3.

1. 以蘆薈及檸檬等水果榨汁作成的「活性新鮮果汁」，日幣六百圓。店家自製麵包作成的三明治為日幣四百圓，除了份量大以外，裡面包的材料也非常費工。／2. 第一代店主自行加工的隔板。可以與二代店長自己畫的天花板畫一同欣賞。／3. 這扇窗外現在也還留有昭和風景。

SMALL ANTIQUES & COFFEE SHOPS IN TOKYO

AREA 4

KEIO LINE

SHINJUKU · SHIMOTAKAIDO · TAMA-REIEN · KEIO-HACHIOJI

京王線

新宿、下高井戶、多磨靈園、京王八王子

KEIO LINE

№25

MAP 5-B

【新宿 | SHINJUKU】

boil

這裡的東西，是以 20 世紀初期起，一直到 1950 年代前，合成樹脂尚未普及時的品項為主。有材料本身質感十分顯著的素燒陶器、以及英國等地精巧的銀製餐具等。

深愛那些與榻榻米生活也能相互融合的歐洲器皿

在新宿的正中間，竟然有這種店家！來訪的每個人應該都會這麼想吧。「這個地方是朋友推薦給我的，我可是對這裡一見鍾情呢。非常想一邊看著這裡的景色，一邊工作。」這是一棟建築歷史已有60年、沒有電梯的古老公寓，沿著樓梯向上爬到盡頭，「boil」的窗外有著一望無際的豐饒綠意，那是新宿御苑的景色。店主岩本篤先生自幼年時期便非常喜愛餐具，他所挑選的法國玻璃杯杯腳，在窗邊映照出的新宿街頭，宛如模型一般可愛。

再次將目光轉回店內，白色牆面背景前，非常均衡地擺放著廚房用品。這間店似乎也受到很多餐飲相關的專家喜愛，比如料理家、餐點規劃師等等。店裡有綻放著穩重光芒的白鐵大盤、外型俐落的鋁鍋，但這些也由於一旁的日本柑仔店或麵包店裡會用上的木製雜貨，因而添上一絲溫暖氣息。「是否能夠確實融合進真實的生活當中，是我選擇物品的判斷方式。就算是來自歐洲，也必須是放在榻榻米上生活，也不會覺得奇怪的東西。」由於店主這絲毫不為所動的見解，因此獲得了許多飲食愛好者的支持。

1.

2.

由窗口射進綠色光線、映照出材料陰影
連結了歐洲與日本的日常生活

自荷蘭、英國、法國等地買來的餐具及廚房用品，占據店裡大部分空間，但非常不可思議的，岩本先生的「紙運」似乎也很好，經常會不經意地發現貴重的紙類製品。比如在1950年代前後，酒吧裡會用的那種加了廣告的便條紙；色彩淡雅而細節美麗的庫存紙箱或紙袋等等，都為樸素器皿偏多的店面，不經意地增添了些色彩，是店裡不為人知的小小支柱。

店裡的展示，大約每個月會有兩次大變動，這也是為了徹底傳達出本店魅力而下的功夫。「雖然是個小店面，光是有五六個人進來就很擠了，但因為也有很多人每週都會過來，所以改變物品擺放的位置，希望客人能因此注意到先前沒有發現的東西。」

某一天，目光都聚集在那形狀相同的異國器皿上；下次來的時候又深受相同材質的廚房工具吸引……。這是為了讓顧客只要來訪，就能夠看見只來一次時無法發現的魅力。有許多東西，都讓人覺得歐洲不再是只能懷抱憧憬、從遠方眺望的地方，雖然我們生活在日本，但卻能將那些東西帶進生活當中。仔細地看著這些東西，一定會有幾位喜歡料理的朋友面孔浮上心頭。這是一間會想和重要的人經常造訪的店家。

4.

3.

6.

5.

boil

(ボイル)

東京都新宿区新宿 3-1-32 新宿ビル 3 号館 6 階／☎ 03-6457-4969／13:00-19:00／星期三公休（另有不定期休息）／山手線等 JR 路線、小田急、京王線的新宿站徒步 10 分；東京地下鐵丸之內、副都心線等路線的新宿三丁目站徒步約 2 分／ http://www.geocities.jp/boil_zakka/

1. 比起那些充滿裝飾花樣的物品，這間店比較喜歡有著俐落設計的東西。由材料構成的絕妙表現，能更加凸顯料理本身。／2. 帆布柔化了由窗戶射進的光線，使水壺描繪出柔和的陰影。／3. 有宛如目錄圖片般靜謐的展示方式，也有能讓人聯想到使用方式的搭配。／4. 這是從比利時那裡一間關門大吉的藥局拿出的庫存紙盒。／5. 戰車模型起點的「Britain」及「John Hill」公司極具真實感的動物模型。／6. 磨豆機除了法國 Peugeot 公司的產品以外，還收集了德國平民喜愛的 LEINBROCK 公司產品。

KEIO LINE

№26

MAP 3-C

【多磨靈園 | TAMA-REIEN】

可ナル舍

工房當中有工匠每天進行維修工作，具備能夠長期配合的體制。也經手彩繪玻璃和門窗，若需要營造空間的建議，也可輕鬆向店家詢問。

店裡在厚重家具之間依然飄盪著可愛氣息。彩繪玻璃前擺著表情質樸的土製人偶。這類日本民俗風情的物品，與北歐風格的室內裝潢也非常搭調。

盡情欣賞在明治時代開花結果的時代櫥櫃

對於生活已經被西洋家具包圍的現今日本人來說，骨董世界當中最難踏入的，恐怕就是日本家具的領域了吧。店裡陳列著100年以前製作的過往櫥櫃，因此我老實的向店員詢問了這個問題，而工作人員長谷川明江先生，為我解開了這個疑惑。

「這類櫥櫃，是在明治時代才大量製作的。江戶時代的東西會更加樸素，而進入大正時代之後變成為量產品，金屬零件就會比較簡單。衣裝用櫥櫃是嫁妝，並不是日常生活中會一直使用的東西。因此有些會被直接放進倉庫裡，很容易找到宛如新品一樣漂亮的商品。」本店主要是以仙台、米澤、佐渡等地製作的明治時代櫥櫃。金屬零件花色繁多、或者有些因為要放進壁櫥中，導致櫥櫃本身的深度不同等等，這些都會使櫥櫃有各種變化。聽著這些描述，原本覺得很難親近的往昔櫥櫃，似乎也都近在身旁。

不被古老外形束縛
享受那重新發現傳統的自由喜悅

1.

2.

一樓有往昔櫥櫃與古伊萬里瓷器妝點室內，二樓則是靜靜陳列著聖人像與古地圖，宛如摩登美術館一般。除了那些就像美術品一樣的商品以外，木質地板的房間裡，也不留痕跡地提出各種讓和風家具融合在現代家庭中的現實方式。比如說，為了讓西洋風格的房間裡，也能放進日式櫥櫃，將櫃腳墊高以提升高度；或者放上玻璃墊之後當作電視櫃使用；店裡充滿了許多這種不在榻榻米上生活，卻還能與日本傳統息息相關的創意。

「現代日本房間裡，完全被西洋的東西、或者比較簡單的東西包圍，因此我認為，為了要展現自己的獨特性，擺設上採用日本的家具和一些小東西應該是不錯的方法。就算不放大型日式櫥櫃，也可以將古老民俗器具放在西洋風格的家具上，打造一個吸引目光的場所；或者將喜歡的東西並排在一起，開闢一個小天地給它們，也非常有趣。」雖然提到「日本的傳統」就讓人覺得艱澀，店裡卻有許多能夠作為這番話語的證據，放滿了提點人更加隨心所欲使用日本物品的點子。對於現代生活來說，日本的傳統幾乎可說是另一個文化。在明白這個前提之下提出的折衷方案，讓這許多工藝品更加活力十足閃閃發亮。

4.

3.

6.

5.

可ナル舍

（かなるしゃ）

🏠東京都府中市白糸台 1-26-4／☎ 042-335-5253／🕘 10:00-18:00／無公休日（夏季、冬季有休息日）／🚉西武多摩川線白糸台站徒步約 7 分、京王本線多磨靈園站徒步約 11 分／http://www.kanarusha.com

1. 以古伊萬里瓷器為始，這裡也有多江戶時代到昭和時期的日式餐具。也有很多幾千日幣就能買到的東西。／2. 這是讓商人隨身攜帶筆硯、金錢等，可以拿著走的掛硯。應該可以說，就像是現代的公事包吧。／3. 由充滿光線的一樓進到氣氛為之一變的二樓。日式櫥櫃與民俗用品靜靜陳列在此處的樣子，令人感覺宛如身在美術館。／4. 仙台的日式櫥櫃有著厚重的黑色零件，非常美麗。照片上還能看到一旁的漆器。／5. 背景是水屋櫥櫃，前方放置的是日本的瑪麗亞像。上下可見它的顏色似乎被塗抹覆蓋了。／6. 江戶時代製作的古伊萬里器皿。仔細看看也會覺得是想在日常生活中使用，具有質樸魅力的物品。

KEIO LINE

№ 27

MAP 4-C

【下高井戶 | SHIMOTAKAIDO】

LITEN BUTIKEN

布料主要以瑞典的物品為主，在老店 almedahls 的再版圖樣布料上，搭配擺放的是 ARABIA 的 PRIMAVERA、以及非常可愛的紅褐色圖案盤子。

以北歐物品為主，特別著眼於 1960 ～ 80 年代的瑞典物品。岡店主表示：「北歐那種不丟棄物品的文化紮根非常深，因此有跳蚤市場。」店裡也會舉辦音樂活動。

取代日頭閃爍光輝的北歐色調的調色盤

岡里美店主喜愛瑞典音樂，為了參加在室外舉辦的小型音樂節而前往瑞典，進而受到該地美麗城鎮、以及那種悠哉的生活型態吸引。在那裡看到的是，在日本的時候只有積木堆能夠重現的那種風景，完全是隨處可見。因此，用這間店敞開一扇通往北歐的門扉，一推開就流瀉出柔和又惹人憐愛的瑞典流行音樂聲響。

北歐雜貨的魅力，由於 Marimekko 的布料以及 ARABIA 的餐具等等，因此在日本也已經非常知名，但我想，在這間店裡一定隨處都能找到，比那些東西給人的印象都更加豐富、給人全新喜好的物品。

北歐雜貨那種明亮的顏色，據說是由於自然環境的日照時間過短，為了讓房間裡能夠看起來亮一些，所以才會是那樣。據說也有許多人因為相同的理由，而非常喜愛蠟燭。在本店窗邊的也非太陽公公，而是綻放著柔和光芒的裝飾品，搖曳著影子。

在寒冬給予溫暖、暑熱日子給予涼意
配合季節變化的木材溫度

1.

2.

本店裝潢是模仿瑞典鄉間的咖啡廳，同時也設立了咖啡吧檯。隨著北歐咖啡杯墊一同上桌的紅茶，是瑞典人人皆知的「KOBBS」品牌紅茶。澄澈的口感搭配玫瑰或黑醋栗的柔和香氣，散發出一股北歐氣息。

在這裡，除了讚嘆嚕嚕米的信封、或者表情傻氣的貓頭鷹擺飾有多麼可愛，另外也希望大家務必仔細體會，木頭這個材質的不可思議之處。這裡有活用質樸風格的木頭架子、漆成淡藍色的木頭桌子等等。在冬天的時候觸摸，會感受到木材的溫暖；但如果在冬季的店內，想想夏日的艷麗陽光，再次看向木頭，又能感受到些許涼意。陳列在店中的五彩繽紛雜貨也都是這樣。不管是有著栩栩如生色調的布料、還是動物形狀的擺飾、或者有紅褐色花樣的餐具，都會因為拿起那東西的季節不同，而帶給人些許不同的印象。

「丹麥人非常開朗，瑞典則是自由悠哉的氣氛。芬蘭人的話，他們害羞的方式倒是和日本人挺像的吧。」每當接觸那些不屬於名牌的北歐物品、或者當地人，應該都能引發對北歐更大的興趣吧。

4.

3.

6.

5.

LITEN BUTIKEN

(リーテン ブティケーン)

東京都世田谷区赤堤 5-34-2／☎ 03-6379-3768／平日 12:00-20:00　週六 13:00-19:00　週日、國定假日 12:00-19:00／星期一、三公休（國定假日則有營業）／京王線、東急世田谷線下高井戶站徒步約 6 分／http://www.litenbutiken.com/

1. 炸洋蔥口感爽脆鮮明，這是北歐熱狗下午茶套餐，日幣 950 圓。／ 2. 櫃檯上只少少地放了些雜貨與餐飲相關的文庫本書籍，可以在此享用北歐啤酒、馬鈴薯的蒸餾酒和店家自製的梅酒。／ 3. 芬蘭的明信片。芬蘭似乎也有非常多很棒的郵局原創商品。／ 4. 淡雅又夢幻的舊東德製蕾絲，纖細到令人覺得揪心。／ 5. 這裡也有許多木製的餐具和琺瑯產品。動物外形的擺飾也具有壓倒性的可愛！／ 6. 木製擺飾主要以瑞典老店 Larssons Tra 的東西為主。

SHOP DATA

東京都八王子市八幡町12-11／☎ 042-626-8114／⏲ 11:00-19:00／星期三公休／京王本線經王八王子站、JR 中央線、橫濱線等各路線的八王子站徒步約 20 分

京王線地區、京王八王子

Gallery & Garden Cafe YASUTAKE

（ギャラリー アンド ガーデン カフェ ヤスタケ）

值得繞路前往的 咖啡廳 №05

MAP 1-C

1.

前往拜訪已經實現令人羨慕的骨董生活之人

店裡充滿了咖啡與可可亞的香氣。眼光忍不住被建築物深處透露出的橘色光芒、以及綠意盎然的庭院吸引，隨即聽見店主田中康之先生的邀請：「也請過去看看吧。幾十年來都是我親手整理這庭院的，我就是想說，與其只有我自己欣賞，還是能讓其他人也看看就好了，所以才會開這間店。」令人想深刻品味的庭院紅磚瓦是從前瀨戶的登窯（譯註：相當於中國的龍窯，為了大量製作而將窯砌成階梯型，利用熱對流燒陶）使用的磚瓦。這棟建築物是改造70年前的和風建築而成，光線透過英國的彩繪玻璃射進來，為日本與法國的簡單家具打造出新藝術風格空間中的光影。宛如是被這位與骨董共同生活的店主邀請來參加茶會，切下一口手工起司蛋糕。舒芙蕾與酸奶油輕飄飄的在口中融化。再啜一口以 WEDGWOOD 杯子盛裝的咖啡，側耳傾聽骨董的故事。

2.

3.

1. 據說是以格窗這面彩繪玻璃作為象徵，打造出整體氛圍。格窗與法國燈具一起提供了溫和的光線。／2. 綜合咖啡及起司蛋糕套組日幣 700 元。也可以在這裡享用以骨董餐具盛裝的午餐或晚餐（需事前預約）。／3. 五月左右，粉紅色的玫瑰將會妝點此庭院。

SMALL ANTIQUES & COFFEE SHOPS IN TOKYO

AREA 5

CHIBA·KANAGAWA SAITAMA

KISARAZU · KAMAKURA · KAWAGOE

千葉、神奈川、埼玉

木更津、鎌倉、川越

CHIBA・KANAGAWA・SAITAMA

№ 28

MAP E

【木更津|KISARAZU】

金田屋 リヒトミューレ

一般被稱為「5 球 super」的三洋真空管收音機。當時據說會被接上電唱片機當成播音器使用。也可以接上 iPhone 等，用來聽音樂。

除了收集 Pelican 或 DUNHILL 等品牌明確的骨董產品以外，也有許多幾百日幣便能買到的小瓶子等東西。店主常說：「除了建築物以外都能賣。」

復古的看板建築 滿載街道魅力

店主長谷川裕隆先生說：「在骨董世界中，有句話是說『不要打磨、不要清洗』，放著維持東西原有的樣子，才是正統做法。但我們店裡會把東西弄乾淨，也會把壞掉的東西修好。因為我認為，工具製作出來，就是要被使用的。」在旁的正統派眼中，會認為這間店就是「邪門歪道」。收音機、鐘錶這類因為損壞而被認為毫無價值的東西，他也只是因為這是要拿來用的工具，所以才進行維修。而他的想法，也寄宿在幾乎可說是大型工具的這間建築物當中。

木更津這裡有許多被稱為看板建築的復古建築物，當中歷史最為悠久，從江戶時代就開張的藥局「金田屋」的雜貨事業部「金田屋洋品店」，從明治時代就開始營業了。目前的建築物，是長谷川先生親自維修，讓昭和7年蓋好到現在，已經破破爛爛的店面重獲生機。而這間店的店名由來是玻璃擺飾品「Lichtmühle*」，在店家獲得新生命之後，也在店裡承接太陽光，悠悠哉哉地旋轉著。

* Lichtmühle：物理實驗工具「光能輻射計」的德文。

直覺與知識兩軸
讓骨董更加閃閃發亮

1.

2.

與融合了日本與西洋精華的店鋪相同，和洋兩種風格的骨董在店裡面對面，一起聆聽響徹店內的時鐘聲響。正聽得入神，耳邊傳來長谷部先生溫柔地告知我關於時鐘的事情：「時鐘的文字盤上有開三個洞對吧。這是由於要承受三種力道，一個是讓時鐘走動的力道；一個是報時的力道；第三個則是每過15分鐘就打一次的鈴。」

長谷川先生不僅僅盡力讓店裡陳列的東西都看起來更加光輝耀人，也由於其知識淵博，而能將觀看東西的有趣之處傳達給客人。讓人深刻感受到，只要每次來這間店，就會更加喜愛骨董。與英國相關的貴金屬上頭會有刻印，此記號標示著金屬種類、純度及製作時期等，被稱為「hallmark」；以高級菸具聞名的DUNHILL，是以馬具製造商起家，這些歷史也都是他腦中的知識。「這個戰前的玻璃筆，從來不曾放在店面過，過了70年，才陳列在店頭販賣。很厲害對吧？」店主隨意聊的話題，每每充滿了對歷史的敬意，以及對骨董的熱愛。如果能接觸到這份溫馨，想必也會喜歡上這整個城鎮。

4.

3.

6.

5.

金田屋リヒトミューレ

(かねだやりひとみゅーれ)

千葉県木更津市中央 2-1-16 ／ ☎ 0438-38-3538 ／ 9:00-19:00 ／不定期休息／ JR 內房線、久留里線木更津站徒步約 7 分／ http://lichtmuhle.com

1. 除了販賣鐘錶以外，也協助更換電池，本城鎮上的人都會輕鬆前往拜訪。／ 2. 店裡有以鋼筆為始的文具綜合廠商起家的 Pelican 海報。該公司歷史也是特別吸引長谷川先生的項目之一。／ 3. DUNHILL 的骨董打火機和菸灰缸。hallmark 清晰可見。／ 4. Old Noritake（譯註：日本陶器合名公司於明治時期到戰前為止，出口至歐美的陶瓷器皿）墨水罐。放在一起的是貴重的戰前國產玻璃筆。／ 6. 外觀給人深刻印象的綠色雕花玻璃，同時也做成了店家原創的模型商品。

CHIBA・KANAGAWA・SAITAMA

№ 29

MAP E

【鎌倉 | KAMAKURA】

FIVE FROM THE GROUND

以白鐵製成的法國漏斗改造成的燈罩，以及釘上釘子成為蘋果擺飾的浮標。靜靜地望著這些東西，總覺得眼前的顏色，就像要浮起來似的。

生鏽質感非常美麗的法國繪圖工具和老花眼鏡。下面放的是1900 年代早期，比利時的辦公室裡的傳票副本。還有些頁面用迴紋針夾著當時的收據。

以地球規模的視線重新凝視物品

20世紀初期的比利時人手寫文字、因為長時間習慣使用而變薄的刀具。在這充滿晨間白色光線的店裡，歐洲的物品們靜靜地呼吸。詢問店主開設這間店的理由，卻感到十分意外。

「我們兩個人一直都在亞洲和非洲來回，接觸的都是土壤與木材的文化，因此對我們來說，擁有石頭與鐵片文化的歐洲物品，看起來是很新的東西。那種獨特的漂浮感，對我們來說可是很新鮮的呢。」

店主原先是經手肯亞及坦尚尼亞手工藝品；而夫人則是為了人類學的田野調查前往肯亞。兩位長久以來都是以背包客身分走在旅途上，最終選擇駐留的這棟建築物，據說以前是一間甜品店。店裡還留下了過往痕跡的圓型窗戶，透過那大大的孔洞窺視店裡，宛如看見了遠方的另一個空間。在這個將日本歷史流傳至今的鎌倉風景當中，在這間店裡與傳遞歐洲過往的物品相遇，聽聽已經見過世界的兩人談話，自己的視野也能擴展到整個地球。

1.

歷經非洲之旅重新凝視歐洲的色彩與輪廓

「覺得一個東西好，這個想法本身在不同國家也不會有所改變。不管是非常有成熟味道的亞洲木製器皿、還是生鏽格調剛剛好的歐洲鐵製工具，感覺都是一樣的。」試著觸摸那貌似有些起毛的質樸風格桌面，給人的手感非常柔和，有著比眼睛所能看到的還要長久的使用感。旁邊是使用古老工具製成的擺飾、將漏斗倒過來加工成的燈罩、以老布料做成的圍裙等等再製商品。在這間店裡的物品，並非具有特別複雜的設計，而是它們的存在感，表現出材料本身那種歷經時光荏苒的質樸感。

「如果長時間和骨董打交道，終究會有一天覺得夠了、不想再買什麼東西了的時候。但我們自從開了這間店以後，倒是有很多客人一直都會來訪呢。」鎌倉有不少喜愛骨董的人們，這間店能夠受到他們長久喜愛，一定是因為店主本身不是只依靠外來資訊，而能自己保持新鮮的心情去選擇東西吧。這東西如果放在自家客廳、又或放在肯亞的家庭當中使用，會看起來如何呢？想像手上東西放置的場所，應該也會浮現想出門去旅行的心情吧。

3.

2.

5.

4.

FIVE FROM THE GROUND

(ファイブ フロム ザ グラウンド)

神奈川県鎌倉市二階堂 27-10 ／☎ 0467-23-7855 ／ 12:00-18:00 ／星期日、一（星期二為預約制、GW 等可能臨時休息）公休／ JR 橫須賀線、江之島電鐵鎌倉站徒步約 20 分／ http://from-the-ground.com

1. 白鑞的餐具會因為隨著年代變化，使用不同的合金比例打造，因此產生色調上的相異。左上是 18 世紀的東西，還留有經常使用的痕跡，令人眼前宛如浮現當時人們用餐的場景，十分吸引人。／ 2. 使用法國的古布料，仿造以前的圍裙樣貌製成的圍裙。／ 3. 將以前木工使用的測量工具，拿來當作垂吊物的裝飾品。／ 4. 在過往昭和時代用來放置粉紅色電話（譯註：外形為按鍵或轉盤電話的投幣式公用電話）的地方，現在點上了電燈。宛如虛擬國度玩具箱的一角。／ 5. 以往被磚牆或木材遮掩的窗邊，現在是個大大的玻璃窗，有大量的陽光射進店裡，窗外則是小鎮風景搖曳。

CHIBA・KANAGAWA・SAITAMA

№30

MAP E

【川越 | KAWAGOE】

Shabby farm

留存當時氣氛的馬口鐵天花板、雕花玻璃擷取出的光影，都讓人沉醉。損壞的部分，就採用有毛玻璃的古老門窗等物品進行修繕。

靜靜佇立於住宅區一隅的店面。這個建於大正 14 年的建築物本身就是個骨董。在這棟建築物內，還有店主朋友經營的「カフェ 1925」咖啡廳。

在倉庫小鎮的寧靜建築內 寶物們再次閃閃發光

川越有許多明治時代建造的建築，當中有許多現在仍矗立在原地的倉庫，也因此而以倉庫小鎮聞名。而這間店就在這街道一隅。這個地方先前空了大約十年，在那之前似乎是手工藝品店和舞廳等場所，頗受當地人喜愛。馬口鐵天花板上華美的裝飾，也讓人聯想到過往情景。

因為受到建築物氣氛影響，會覺得陳列在這裡的東西，似乎也都是些歐洲的品項，但其實全部都是在日本購買的。「我會去個人住宅的倉庫、或者結束營業的藥行、麵包店之類的，直接向客戶購買物品。也會有人聊起丟掉覺得太可惜啊，而開始談起過往回憶。」店裡放著許多遠藤店主直接和最後一個物主面對面交易，才承接而來的東西。這與那些在海外經過各式各樣人手的骨董具有的神秘感及美麗不同，比較具備親密感，就像是由自己的爺爺或奶奶那裡繼承而來般，一口氣將東西的魅力給拉回身邊。

1.

解開沉眠在日本家中的物品們
絲絲入扣的憧憬情懷

乍看之下也許不會注意到，但這裡的價格可是非常地平價，這也是本店令人開心的要點之一。由於並不是去海外購買，而是在日本進貨，因此並不需要出國或者運送的費用，大概準備個在市中心購物預算的兩倍就能買到的東西，在這裡並不稀奇。雖然觀看那些無論如何都無法出手購買的高價骨董品而覺得心癢難耐，也是逛骨董店的樂趣之一，但對於一見鍾情的東西能夠真的買下，還是令人非常開心的。用這種宛如挖寶的心情徘徊，一不小心就在店裡待了好久。

雖然說是與個人對象交易，但每個家庭的興趣還真是五花八門。有萬分珍惜、收藏在櫃子裡的玻璃杯；也有那種好像機關百出的古老玩具。但所有東西共通的，就是它們都是住在日本的某個人，曾經覺得心動不已的東西。另外，從家中或店鋪等地拿到的，多半都是實用品；但這裡也有許多沒有玻璃的門窗框架等等，似乎能給喜歡手工創作東西的人做些什麼的商品。「就算有工具壞掉了，這個零件是否也能拿來做些什麼呢？想到這種事情，我就又把它們留了下來。」在範疇與設計都十分多樣化的商品中，這裡有的是特別柔和、溫暖又可愛的東西們。

3.

2.

5.

4.

Shabbyfarm

(シャビーファーム)

埼玉県川越市連雀町32-1 studio1925 内／☎ 090-6927-4418／🕒 11:00-16:30 星期三 11:00-15:00／星期一、四公休／西武新宿線本川越站徒步 6 分、東武東上線川越市站徒步 12 分／ https://www.shabbyfarm.jp

1. 上頭寫著「みつぼ染料」的小瓶子。店主也常到工廠或醫院等處收購東西，對於各界所使用的工具形制也興趣盎然。／**2.** 維多利亞王朝時期流傳下來的胸針和耳環。首飾幾乎都在日幣五千以下。／**3.** 這個地方先前是手工藝品店，就連他們的扣子也一同留在店裡，放在點心模具當中閃閃發亮。／**4.** 也有許多去國外旅行時帶回的伴手禮，有各個不同國家的東西。感覺盛滿了許多對外國的憧憬，非常惹人憐愛。／**5.** 玻璃產品及廚房相關的小東西也種類豐富，為春夏時分增添些許涼意。

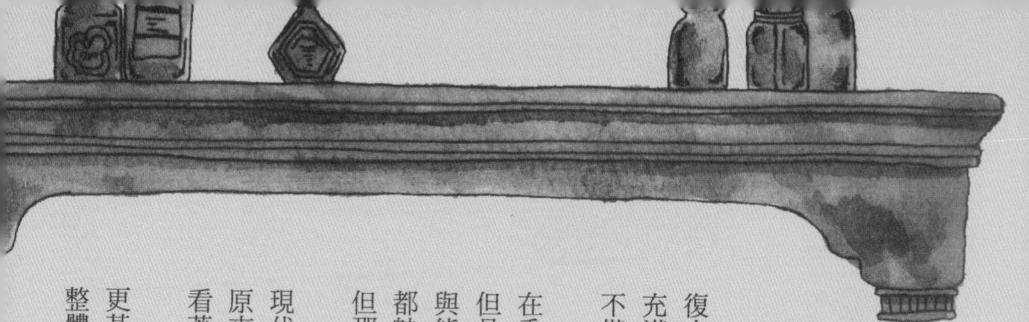

AFTERWORD

復古雜貨當中，
充滿了許多魅力，
不僅僅是「舊時代的東西」。

在重視效率的現代社會無法使用，
但品質良好的材料、
與能夠展現工匠技巧的精巧設計，
都魅力十足。可能有些歪曲、或有些傻氣，
但那落落大方的外形卻惹人憐愛。

現代家具和雜貨的設計基礎，
原來是在１００年以前就幾乎已經完成，
看著骨董就能經常感受到這些，實在令人驚訝。

更甚者，只要找到一個喜愛的物品，
整體生活都會變得更令人憐愛。

小小的鈕扣、
或者稍微放個動物擺飾，
骨董具有能夠讓生活
搖身一變的力量。

凝視著古老的東西、
發明出新的材料，
不要將心靈停留在打造方便工具上，
而是讓自己的思考繼續延伸下去，
在感受這些物品美麗、可愛的同時，
不可遏止地的也生出對人類的憐惜。

為什麼能夠打造出這種東西呢？
他是用什麼樣的心情製作這個的呢？
為何這種東西沒能流傳到現代呢？

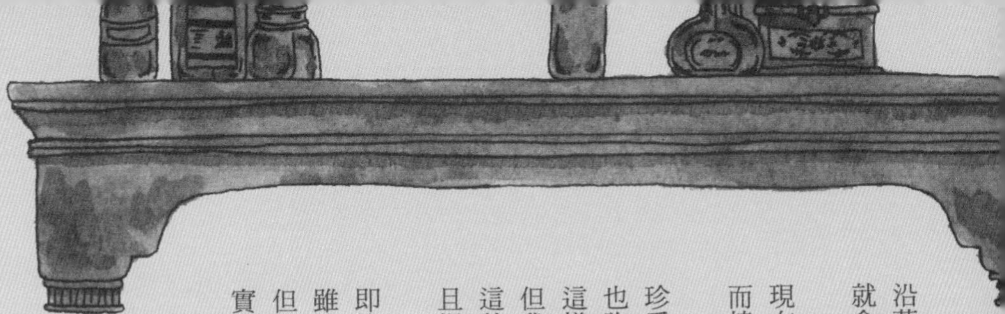

沿著對過往的興趣向前，
就會深刻的凝視起自然與現代的物品。

現在自己手上這個東西，是如何產生的呢？
而接下去，物品又會如何改變呢？

珍愛古老的東西，
也許會有人覺得，
這樣是背離現實的消極行為，
但我實在不得不認為，
這其實是深刻凝望當下，
且提高對未來期待的積極行動。

即使每天繁忙疲憊，
雖然它們也幫不上什麼忙，
但是凝視著這些
實在非常美麗可愛的復古雜貨，
總覺得就能夠回想起
自己真正重視的東西。

注視著喜愛的雜貨、
品飲美味的咖啡。
希望大家能看著這本書、
讓心情得以放鬆一下，
那就太好了。

增山香

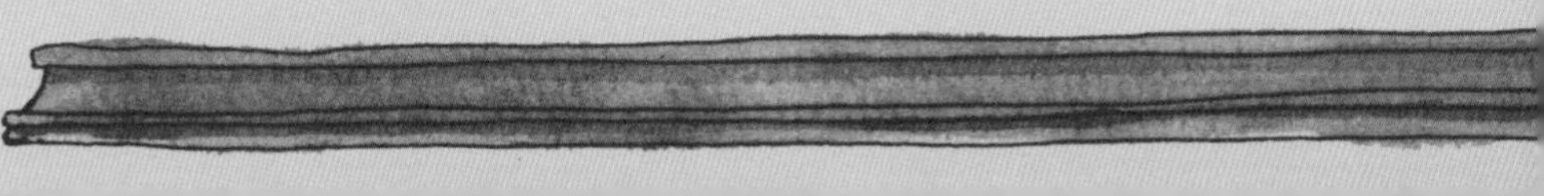

SMALL ANTIQUES & COFFEE
SHOPS
IN
TOKYO

＊ ＊ ＊

走吧，推開那扇門，
去找出你喜愛的東西。

SMALL ANTIQUES & COFFEE SHOPS IN TOKYO

為了能愉快前往書中介紹店家的
注意事項

本書當中刊載的資訊，是 2018 年 5 月時的內容。營業時間、公休日等資訊，以及介紹的菜單或商品品項、價格等，很可能因為商店進貨等事宜而有所變更。關於該店家的最新資訊，還請確認該店網頁，或電話詢問店家後，再行前往拜訪。有價格標示的商品，全部內含消費稅。骨董店的商品，有一部份可能已經無法購買到。另外店面的展示也會有所變更。

以上相關事宜還請見諒。

TITLE

穿越東京老時光 走進懷古雜貨喫茶店

STAFF

出版 瑞昇文化事業股份有限公司
作者 增山香
譯者 黃詩婷

總編輯 郭湘齡
文字編輯 徐承義 蔣詩綺 李冠緯
美術編輯 孫慧琪
排版 曾兆珩
製版 明宏彩色照相製版股份有限公司
印刷 龍岡數位文化股份有限公司

法律顧問 經兆國際法律事務所 黃沛聲律師

戶名 瑞昇文化事業股份有限公司
劃撥帳號 19598343
地址 新北市中和區景平路464巷2弄1-4號
電話 (02)2945-3191
傳真 (02)2945-3190
網址 www.rising-books.com.tw
Mail deepblue@rising-books.com.tw

初版日期 2019年6月
定價 350元

ORIGINAL JAPANESE EDITION STAFF

AD 佐藤亜沙美
本文デザイン 安賀裕子/芦沢沙紀（サトウサンカイ）
写真 ミヤジシンゴ
イラスト 芦沢沙紀（サトウサンカイ）
地図作成 ユニオンマップ
協力 海象編集室
印刷所 シナノ書籍印刷株式会社

國家圖書館出版品預行編目資料

穿越東京老時光：走進懷古雜貨喫茶店 / 增山香著；黃詩婷譯. -- 初版. -- 新北市：瑞昇文化, 2019.05
144 面；14.8 x 21 公分
ISBN 978-986-401-340-1(平裝)

1.旅遊 2.日本東京都

731.72609 108006645

國內著作權保障，請勿翻印／如有破損或裝訂錯誤請寄回更換
SMALL ANTIQUES & COFFEE SHOPS IN TOKYO STREET WALK WRITER
© KAORI MASUYAMA 2018
Originally published in Japan in 2018 by X-Knowledge Co., Ltd.
Chinese (in complex character only) translation rights arranged with
X-Knowledge Co., Ltd.